Créez vos bijoux

Des bijoux imposants et sensationnels

Tome 2

Genevieve A. Sterbenz

97-B, Montée des Bouleaux, Saint-Constant, Qc, Canada J5A 1A9,
Internet: www.broquet.qc.ca   Courriel: info@broquet.qc.ca
Tél.: 450 638-3338   Téléc.: 450 638-4338

Creative Homeowner® est une marque déposée de
Federal Marketing Corp.

Catalogage avant publication de Bibliothèque et Archives nationales
du Québec et Bibliothèque et Archives Canada

Sterbenz, Genevieve A.

Créez vos bijoux. Tome 2

(Inspiration artistique : projets étape par étape)
Traduction de: Bead style.
Comprend un index.

ISBN 978-2-89000-995-0

1. Broderie de perles. 2. Bijoux - Fabrication. I. Titre. II. Collection:
Inspiration artistique.

TT860.S7414 2008   745.594'2   C2008-940631-1

Pour l'aide à la réalisation de son programme éditorial, l'éditeur remercie: le gouvernement du Canada par l'entremise du Programme d'aide au développement de l'industrie de l'édition (PADIÉ); la Société de développement des entreprises culturelles (SODEC); l'Association pour l'exportation du Livre Canadien (AELC); le gouvernement du Québec – Programme de crédit d'impôt pour l'édition de livres – Gestion SODEC.

Titre original: Bead style
© Creative Homeowner, 2006. All rights reserved.
This french edition first published by © Broquet Inc, 2008.

Pour la version en langue française:

Traductrice: Anne-Marie Courtemanche
Relecture: Anne-Marie Benoit, Diane Martin
Infographie: Nancy Lépine

Copyright © Ottawa 2008
Broquet inc.
Dépôt légal — Bibliothèque nationale du Québec
3e trimestre 2008

Imprimé en Malaisie

ISBN 978-2-89000-995-0

Tous droits de traduction totale ou partielle réservés pour tous les pays. La reproduction d'un extrait quelconque de ce livre, par quelque procédé que ce soit, tant électronique que mécanique, en particulier par photocopie, est interdite sans l'autorisation écrite de l'éditeur.

Dédicace

Pour ma douce amie et merveilleuse sœur, Gabrielle

Table des matières

6 **Présentation de la collection**

LA COLLECTION

10 **Colliers**

12 Wilma
Palm Beach (Variation)

16 Désert turquoise
Limonade (Variation)

20 Côte d'or
Tour d'ivoire (Variation)

24 La fille aux diamants
L'heure preppie (Variation)

28 Mademoiselle Priss
Rouge ardent (Variation)

32 Plage de galets
Petite monnaie (Variation)

36 Tarte aux framboises
Feuille de laitue (Variation)

40 Un petit côté piquant
Pierre plate (Variation)

44 Orchidée noire

48 Jet setter
Provence (Variation)

52 **Bracelets**

54 Melondrame
Glace concassée (Variation)

58 Cristal rose
Averse bleue (Variation)

62 Margarita
Cubes de sucre (Variation)

66 Nœud d'amour
Coucher de soleil (Variation)

70 Confettis
   Si charmant (Variation)

74 Velours bleu
   Ruban bonbon (Variation)

78 Dalmatien
   Orange Crush (Variation)

82 Verre de mer
   Océan (Variation)

86 Ruisseau argenté
   Souvenir (Variation)

90 Paris Café
   Grêle blanche (Variation)

94 **Bagues**

96 Cosmopolite
   Manhattan (Variation)

100 Étreinte d'étoile
    Cube de glace (Variation)

104 Bombette
    Feu d'artifice (Variation)

108 Sur glace
    Trio (Variation)

112 En fleurs
    Rock & Blues (Variation)

LES RUDIMENTS DU PERLAGE

116 **Matériaux**

117 **Outils**

118 **Fils et fermoirs**

119 **Techniques**

125 **Remerciements**

126 **Index**

Présentation de la collection

Wilma — Désert turquoise — Côte d'or — la Fille aux diamants — Mademoiselle Priss

Plage de galets — Tarte aux framboises — Un petit côté piquant — Orchidée noire — Jet setter

CRÉEZ VOS BIJOUX: *des bijoux imposants et sensationnels* présente une collection originale de 50 bracelets, colliers et bagues confectionnés en un style imposant à l'aide de perles de tout acabit.

Très populaires, les gros bijoux, à la fois distingués et originaux, combinent des perles de toutes formes et des couleurs attrayantes. Il est ainsi possible de créer un collier à fil simple comme le modèle Palm Beach, qui mélange harmonieusement le turquoise et le vert lime, ou un collier or à fils multiples comme le modèle Feuille de laitue, créé d'éclats de péridot.

Il y a également des bracelets comme le Paris Café, qui est surchargé de perles bleues, rose pâle et framboise, mais aussi de perles en verre soufflé qui attirent le regard, et le modèle Cristal rose qui est composé d'un très long fil mémoire sur lequel on enfile des perles de cristal rose facetté pour former un large bracelet étincelant.

La collection compte aussi de grosses bagues fantaisie comme le modèle Cosmopolite, composé d'imposantes et étincelantes pierres du Rhin roses, ou encore le modèle Rock & Blues, une pièce majestueuse constituée d'une turquoise polie.

Source d'inspiration et d'informations pratiques, *Créez vos bijoux* vous explique de façon détaillée comment réaliser chaque bijou. Toutes les étapes permettant de réaliser chaque pièce de la collection sont illustrées et prennent la forme d'instructions claires, brèves et faciles à suivre, alors que les photographies en gros plan révèlent chaque aspect technique entrant dans le processus de la fabrication de bijoux.

| Melondrame | Cristal rose | Margarita | Nœud d'amour | Confettis |

| Velours bleu | Dalmatien | Verre de mer | Ruisseau argenté | Paris Café |

CRÉEZ VOS BIJOUX vous apprend aussi les rudiments du perlage, une mini-formation complète qui explique les fondements du perlage, des outils jusqu'aux techniques professionnelles.

| Cosmopolite | Étreinte d'étoile | Bombette | Sur glace | En fleurs |

Les variations

En travaillant sur un modèle, vous risquez fort d'être suffisamment inspirée pour substituer des perles à celles qui vous sont recommandées dans les instructions. Peut-être avez-vous à la maison des perles de cristal que vous souhaitez à tout prix utiliser, une préférence pour une gamme de coloris autre que celle suggérée ou bien préférez-vous simplement fabriquer un modèle précis de bijou à l'aide d'une technique avec laquelle vous êtes plus à l'aise, sachant que vous obtiendrez une pièce légèrement différente. Toutes les variantes qui vous viennent à l'esprit pendant que vous travaillez font partie intégrante du processus de perlage.

Vous constaterez en feuilletant *Créez vos bijoux* que chaque bijou de la collection est présenté avec une variante. Souvent, pendant que je travaillais à la création d'un modèle, j'ai pensé aux façons de concevoir des versions différentes. Dans certains cas, j'ai changé certaines perles et le fermoir; dans d'autres, j'ai créé une pièce agencée, en complément du modèle présenté. Tous les projets proposés à l'intérieur de ce glossaire de variations illustré sont inspirés des projets originaux.

Je n'ai aucun doute que vous trouverez votre voie créatrice en manipulant les perles et les fils. Il ne faut jamais oublier qu'il existe une variété infinie de façons d'inventer un magnifique bijou. Laissez-vous guider par votre imagination et votre style personnel.

Glace concassée	 Averse bleue	 Cubes de sucre	 Coucher de soleil	 Si charmant
 Ruban bonbon	 Orange Crush	 Océan	 Souvenir	 Grêle blanche
 Manhattan	 Cube de glace	 Feu d'artifice	 Trio	 Rock & Blues

Colliers

Wilma

Palm Beach

Désert turquoise

Limonade

Côte d'or

Tour d'ivoire

La fille aux diamants

L'heure preppie

Mademoiselle Priss

Rouge ardent

Plage de galets

Petite monnaie

Tarte aux framboises

Feuille de laitue

Un petit côté piquant

Pierre plate

Orchidée noire

Jet setter

Provence

Wilma

Matériaux
- 38 perles rondes, rhodonite rose, 20 mm
- 2 tubes à écraser, argent sterling, taille 2
- 2 cache-nœuds, argent sterling
- 1 anneau à ressort, argent sterling, 18 mm de diamètre
- 1 huit de sûreté, argent sterling
- Fil monofilament, 30 lb.

Outils
- Règle
- Coupe-fil
- Pince à chaîne
- Pince à bec coudé
- Pince à sertir

Techniques
- Comment utiliser un tube à écraser, p. 119
- Comment utiliser un cache-nœud, p. 121
- Comment utiliser un cache-nœud pour recouvrir une perle à écraser, p. 122
- Comment fixer un cache-nœud, p. 121

Longueur finale : 30 po

Ce collier des plus festifs est composé de grosses perles de rhodo-nite rose. Son nom rappelle d'ailleurs le collier ras du cou porté par Wilma dans le classique dessin animé *Les Pierrafeu*. Même si la rhodonite est un peu lourde, cet imposant collier sera aussi superbe en version sautoir opéra. La technique de création de ce collier est si simple qu'on peut lui donner toutes les long-ueurs souhaitées, même celle du style St-Granit ! Si le poids est une préoccupation, vous n'avez qu'à créer un collier plus court qui sera plus léger et confortable à porter.

1. Utilisez le coupe-fil pour obtenir une longueur de fil de 40 po. Fixez une extrémité du fil à l'anneau à ressort à l'aide d'un tube à écraser et de la pince à sertir. Recouvrez ensuite le tube à écraser d'un cache-nœud.

ASTUCE

Si la même perle est disponible en plusieurs tailles, vous pouvez créer un motif symétrique avec des perles de tailles de plus en plus grosses. Utilisez les plus petites perles aux extrémités du fil et les plus grosses au milieu. Vous créerez ainsi un look différent et tout aussi joli, et vous obtiendrez un collier moins lourd.

L'attrait de ce collier réside dans sa simplicité élégante. Il est idéal pour accompagner une tenue de soirée, mais peut être porté en tout temps...

2. Utilisez la pince à chaîne et la pince à bec coudé pour fixer le cache-nœud à l'anneau à ressort.

VARIATION : PALM BEACH

Matériaux

- 29 perles rondes en verre, bleu pacifique, 14 mm
- 30 perles rondes en verre, vert lime, 10 mm
- 2 tubes à écraser, argent sterling, taille 1
- 2 cache-nœuds, argent sterling
- 2 bélières, argent sterling, calibre 16, 8 mm de diamètre
- 1 anneau à ressort, argent sterling, 7 mm
- Fil de nylon transparent

Longueur finale : 28 po

Collier à fil simple et léger, avec une touche tropicale, le modèle Palm Beach présente en alternance des perles bleu pacifique et vert lime. De plus, le collier attire davantage le regard étant donné ses perles de différentes tailles. Parce que les perles de verre sont relativement petites et légères, elles sont idéales pour créer de longs colliers ou des colliers à plusieurs rangs. Fabriqué de la même façon que le collier Wilma, ce modèle astucieux et facile à réaliser bénéficie d'une finition avec bélières en argent et anneau à ressort.

Amusez-vous avec des couleurs vives comme tangerine, grenade, rouge foncé et vert lime. Mélangez aléatoirement les couleurs ou créez un collier à plusieurs rangs.

Certains styles de collier demeurent populaires décennie après décennie; ce collier à un fil en est un. Le modèle Wilma met en valeur la beauté de chacune de ces sphères parfaites. Les perles de rhodonite sont d'une couleur rosée et subtile des plus attrayantes.

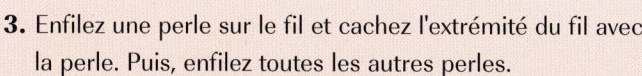**3.** Enfilez une perle sur le fil et cachez l'extrémité du fil avec la perle. Puis, enfilez toutes les autres perles.

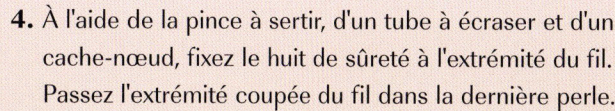**4.** À l'aide de la pince à sertir, d'un tube à écraser et d'un cache-nœud, fixez le huit de sûreté à l'extrémité du fil. Passez l'extrémité coupée du fil dans la dernière perle.

Désert turquoise

Un collier turquoise arborant un pendentif ovale, qui attire le regard, Désert turquoise est composé d'un rang de grosses perles tur-quoise et polies, et d'un rang de petites perles presque identiques. L'équilibre de ce modèle est obtenu grâce aux deux rangs de perles identiques en apparence, mais de tailles différentes. Le pendentif, qui rappelle la couleur des rangs, est fixé à l'aide d'attaches en argent poli.

Matériaux

- 1 pendentif ovale et plat, turquoise, 3,7 cm de largeur x 5,3 cm de longueur x 4 mm d'épaisseur
- 15 perles ovales, turquoise, 2,5 cm de largeur x 3 cm de longueur
- 40 perles ovales, turquoise, 8 mm de largeur x 1 cm de longueur
- 2 perles ovales, argent sterling, 6 mm de largeur x 1 cm de longueur
- 2 disques, argent sterling, 6 mm de largeur x 3 mm d'épaisseur
- 8 tubes à écraser, argent sterling, taille 1
- 1 bélière, argent sterling, calibre 16, 18 mm de diamètre
- 1 fermoir à crochet et œil, argent sterling
- 1 anneau, argent sterling
- Fil, 0,40 mm de diamètre

Outils

- Règle
- Coupe-fil
- Pince à sertir
- Pince à chaîne
- Pince à bec coudé

Techniques

- Comment utiliser un tube à écraser, p. 119
- Comment ouvrir et refermer une bélière, p. 122

Longueur finale : 18 po

1. À l'aide du coupe-fil, coupez deux fils de 22 po de longueur. Laissez-en un de côté. À l'aide d'une perle à écraser et d'une pince à sertir, fixez l'extrémité d'une longueur de fil à la portion crochet du fermoir.

2. Enfilez 2 petites perles turquoise, 15 grosses perles turquoise, puis 2 petites perles turquoise.

3. À l'aide d'une perle à écraser et d'une pince à sertir, fixez l'extrémité du fil à la portion œillet du fermoir.

4. À l'aide d'une perle à écraser et d'une pince à sertir, fixez le deuxième fil à la gauche du premier fil, à la portion crochet du fermoir. Enfilez toutes les petites perles.

5. À l'aide d'une perle à écraser et d'une pince à sertir, fixez l'extrémité du fil à la droite du premier fil, à la portion œillet du fermoir.

VARIATION : LIMONADE

La forme classique et la texture de la surface de la turquoise peut s'exprimer, grâce à ce collier, en une couleur de limonade verte des plus surprenantes !

Ce très joli collier vert lime à deux rangs et orné d'un pendentif est créé avec des perles identiques à celles du modèle Désert turquoise, mais vertes. Les pierres qui composent ce collier sont traitées de façon à colorer et à recouvrir la matière brute. Le collier présente des pépites polies au premier rang et, au deuxième rang, des perles rondes et polies de différentes teintes de vert qui rappellent le vert des grosses pépites. Le modèle Limonade est créé exactement de la même façon que le modèle Désert turquoise. Le premier rang est composé de six perles vert lime et facettées, de chaque côté du fermoir, alors que le reste du rang est fait de pépites. Des perles rondes et polies composent le deuxième rang. Le collier est terminé à l'aide d'un fermoir à crochet et à œil en argent sterling. Pour fabriquer le pendentif, enfilez sur une épingle une perle argent de 3 mm puis une pépite et une perle argent de 2 mm. Suivez les instructions pour réaliser un anneau de fil enroulé pour terminer le pendentif. En respectant l'ordre illustré ci-dessus, enfilez les perles d'argent et fixez le fil au rang de pépites.

Matériaux

- 12 perles turquoise, vert lime, 2,5 cm de largeur x 3 cm de longueur
- 39 perles rondes, imitation de turquoise, vert, 10 mm
- 12 perles de verre rondes et facettées, vert lime, 8 mm
- 2 perles ovales, argent sterling, 6 mm de largeur x 8 mm de longueur
- 9 perles rondes, argent sterling, 3 mm
- 1 perle ronde, argent sterling, 2 mm
- 1 épingle, argent sterling, 5 cm de longueur, avec une tête de 3 mm
- 1 fermoir à crochet et à œil, argent sterling
- Fil, 0,40 mm de diamètre

Outils

- Pince à bec rond

Techniques

- Comment créer un anneau de fil enroulé, p. 120

Longueur finale : 18 po

6. Insérez les extrémités de l'anneau dans le trou du pendentif, puis utilisez les pinces à chaîne pour écraser les deux extrémités l'une contre l'autre.

7. À l'aide de la pince à chaîne et de la pince à bec coudé, fixez une bélière à l'anneau. Coupez ensuite deux fils de 6 po de longueur et laissez-en un de côté. À l'aide d'une perle à écraser et d'une pince à sertir, fixez l'extrémité d'une longueur de fil à la bélière.

8. Enfilez un disque argent, une perle ovale de couleur argent et un disque argent.

9. À l'aide d'une perle à écraser et d'une pince à sertir, fixez l'autre extrémité du fil à la droite de la perle centrale du rang de grosses perles.

10. Répétez les étapes 7 à 9 pour enfiler et fixer un deuxième rang de perles argent au pendentif et au rang de grosses perles.

Côte d'or

Matériaux
- 15 perles de laiton creuses de 3,5 cm
- 32 disques, noir, 18 mm de diamètre x 6 mm d'épaisseur
- 16 perles rondes, crème marbré, 10 mm
- 1,5 verges de corde noire
- 2 tubes à écraser, or, taille 2
- Fil, 0,40 mm de diamètre

Outils
- Règle
- Ciseaux
- Coupe-fil
- Pince à sertir
- Colle à base de cyanoacrylate (colle instantanée)

Techniques
- Comment utiliser un tube à écraser, p. 119
- Comment réaliser un nœud simple et un nœud double, p. 124

Longueur finale : 34 po

De grosses perles rainurées en laiton sont combinées à des disques noirs presque plats et à des perles de couleur crème pour créer la Côte d'or, un point fort de la mode aux influences africaines. Des longueurs de fil noir sont utilisées comme fermoir et agissent comme complément au concept. Le collier Côte d'or est suffisamment éloquent pour être porté seul. Toutefois, il peut aussi être porté en combinaison avec d'autres colliers à perles ou avec une ou plusieurs chaînes en or.

1. Coupez deux longueurs de corde noire de 24 po et deux longueurs de fil de 38 po. Tenez ensemble les deux longueurs de fil et fixez-les au centre d'une longueur de fil noir à l'aide d'un tube à écraser.

2. À l'aide d'une pince à sertir, fixez solidement le fil.

3. Consultez la photo en page 20 pour enfiler les perles selon l'ordre suivant: un disque, une perle ronde, un disque et une perle en laiton. Répétez la séquence 15 fois et terminez avec une perle ronde et un disque. Enfilez les extrémités du fil dans les perles pour les dissimuler.

4. Répétez les étapes 1 et 2 pour fixer le deuxième morceau de corde au collier. Faites un nœud simple à chaque extrémité du collier, au même niveau que la dernière perle.

VARIATION : TOUR D'IVOIRE

Des perles ivoire en os sculpté alternent avec des perles rouge lustré pour former ce collier exotique à un fil. Tout comme le collier Côte d'or, le modèle Tour d'ivoire utilise une corde noire comme fermoir, que l'on travaille exactement de la même façon. C'est un merveilleux morceau à agencer qui aura un look du tonnerre s'il est combiné au collier Côte d'or.

ASTUCE
Lorsque vous superposez des colliers, il est important de combiner des modèles de longueurs différentes, mais dont les perles se coordonnent harmonieusement.

Matériaux
- 24 perles rondes, rouge lustré, 14 mm
- 23 perles sculptées et rondes, ivoire, 18 mm
- 2 tubes à écraser, or, taille 2
- 1 verge corde noire
- Fil, 0,40 mm de diamètre

Longueur finale : 25 po

5. Ajoutez une gouttelette de colle pour fixer solidement le nœud à chaque extrémité de la corde.

6. Faites deux nœuds simples à chaque extrémité de la corde et fixez chacun d'eux à l'aide d'une gouttelette de colle.

ASTUCE

Les trous dans les perles de laiton sont plus larges et lorsque ces perles sont utilisées seules, il est conseillé d'utiliser des matériaux plus épais, telle une corde de velours noir. Du fil régulier a été utilisé ici en raison de la combinaison avec des disques et des perles à plus petits trous.

La fille aux diamants

Matériaux
- 1 boucle de ceinture en strass, 6 cm de diamètre
- 9 perles de verre, argent, 14 mm
- 8 pépites de cristal givré et facetté, 1,5 cm de largeur x 2 cm de longueur x 8 mm d'épaisseur
- 18 perles rondes, argent sterling au fini laser, 8 mm
- 4 perles rondes, argent sterling au fini laser, 6 mm
- 4 perles rondes, argent sterling au fini laser, 4 mm
- 18 embouts pour perles, argent, 14 mm de diamètre
- 2 perles à écraser, argent, taille 1
- 4 tubes à écraser, argent, taille 2
- 2 cache-nœuds, argent sterling
- 1 fermoir en pince de homard, argent sterling, 12 mm de largeur x 22 mm de longueur
- Portion anneau d'un fermoir à barrette, argent, calibre 10, 14 mm de diamètre
- Fil, 0,40 mm de diamètre

Outils
- Règle
- Coupe-fil
- Pince à sertir
- Pince à chaîne

Techniques
- Comment utiliser un tube à écraser, p. 119
- Comment utiliser un cache-nœud, p. 121
- Comment utiliser un cache-nœud pour recouvrir une perle à écraser, p. 122
- Comment fixer un cache-nœud, p. 121

Longueur finale : 18 po

Le point d'intérêt de cet élégant collier à un rang est son imposant pendentif en strass aux allures de flocon de neige, qui a été subtilisé à une ceinture... De grosses perles argentées avec embouts en argent, des perles argent et rondes, aussi bien petites que grosses, et des pépites de cristal de roche givré agrémentent le rang. Ce collier de longueur princesse est porté très haut sur le cou et présente un motif de perles symétrique et complexe.

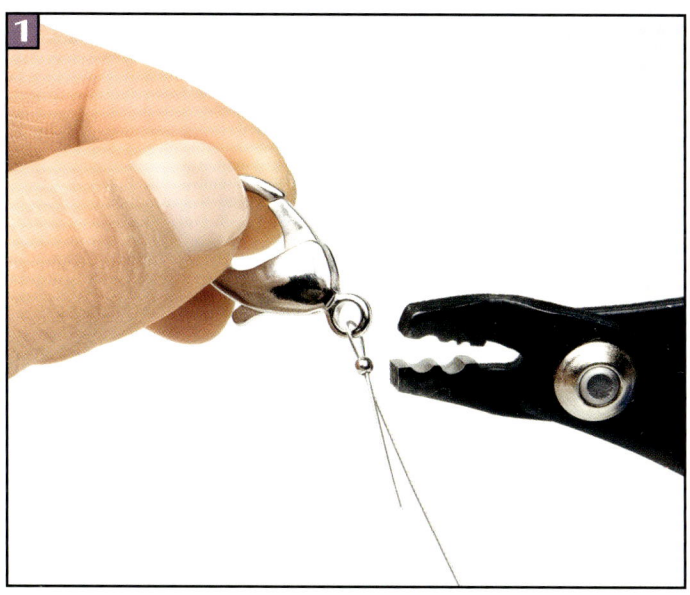

1. À l'aide du coupe-fil, coupez une longueur de fil de 22 po. Fixez une extrémité du fil au fermoir en pince de homard à l'aide d'une perle à écraser de taille 1 et de la pince à sertir.

2. Placez un cache-nœud sur la perle à écraser et refermez-le pour recouvrir la perle. Fixez ensuite le cache-nœud au fermoir en pince de homard.

3. Consultez la photo en page 24 pour enfiler les perles, les embouts, puis les autres perles. Dissimulez l'extrémité du fil à l'intérieur des perles.

4. À l'autre extrémité du fil, fixez la portion anneau du fermoir à l'aide d'une perle à écraser, d'un cache-nœud et d'une pince à sertir. Dissimulez l'extrémité du fil à l'intérieur des dernières perles.

VARIATION : L'HEURE PREPPIE

L'heure preppie emprunte son nom à la mode du même nom; c'est un collier rose et vert qui rappelle très bien l'époque. Ce collier à un rang combine des perles translucides de différentes formes et couleurs, et se termine par un fermoir décoratif en argent sterling. Le joyau de la couronne est un gros pendentif de quartz rose facetté. Suivez les instructions du modèle La fille aux diamants. Enfilez une perle de chaque sorte : perle ronde, pépite, perle ronde, perle carrée, rondelle, rectangle de fluorite, rondelle, et perle carrée, cinq fois consécutives. Terminez avec une perle de chaque sorte : perle ronde, pépite et perle ronde. Coupez une longueur de transite de 12 po pour le pendentif. Enfilez une rondelle au centre. Enfilez les deux extrémités au travers du pendentif de quartz, d'une perle ronde et d'une rondelle. Séparez les extrémités et enfilez cinq rondelles sur chacune. À l'aide de tubes à écraser et d'une pince à sertir, fixez les extrémités de chaque côté du rectangle de fluorite central.

Matériaux

- 1 pendentif de quartz facetté, rose, 3 cm de largeur x 4 cm de longueur x 1 cm d'épaisseur
- 5 rectangles de fluorite, vert, 14 mm de largeur x 20 mm de longueur x 6 mm d'épaisseur
- 10 perles carrées et transparentes avec côtés givrés et coins arrondis, rose, 12 mm de largeur x 14 mm de longueur x 3 mm d'épaisseur
- 6 pépites de quartz transparent, 10 mm de largeur x 14 mm de longueur x 8 mm d'épaisseur
- 13 perles à facettes, rondes et chatoyantes, rose, 8 mm
- 22 rondelles de cristal facetté, rose, 4 mm de diamètre x 4 mm de longueur
- 4 tubes à écraser, argent, taille 1
- 2 cache-nœuds, argent sterling
- 1 fermoir, argent sterling, 10 mm de largeur x 18 mm de longueur
- Corde de transite

Longueur finale : 18 po

5. Sur un fil de 6 po, enfilez un tube à écraser, le côté droit de la boucle de ceinture et de nouveau le tube à écraser; utilisez la pince à sertir pour fixer le tube.

6. Enfilez deux perles rondes de couleur argent de 4 mm. À l'aide d'un tube à écraser de taille 2 et d'une pince à sertir, fixez le fil à la droite de la perle centrale du collier. Passez l'extrémité du fil à l'intérieur des dernières perles et coupez l'excédent.

7. Répétez les étapes 5 et 6 avec l'autre longueur de fil de 6 po pour réaliser le côté gauche.

ASTUCE
Les pierres de fantaisie ou pierres du Rhin sont un ajout génial à tout collier. Dans le cas présent, nous avons utilisé une boucle de ceinture, mais nous aurions très bien pu opter pour des broches, épinglettes ou boucles d'oreilles en pierres du Rhin.

Mademoiselle Priss

Matériaux
- 170 perles de verre, crème, 8 mm
- 188 perles de verre, crème, 4 mm
- 2 cache-nœuds, argent sterling
- 2 bélières, argent sterling, calibre 14, 16 mm de diamètre
- ½ verge de ruban de velours double face, noir, ⅝ po de largeur
- 1 bobine de fil de nylon, crème, taille FF
- Ruban à masquer
- Colle à base de cyanoacrylate (colle instantanée)
- Colle blanche

Outils
- Règle
- Ciseaux
- 3 aiguilles à enfiler en fil torsadé
- Pince à chaîne
- Pince à bec coudé

Techniques
- Comment utiliser un cache-nœud, p. 121
- Comment fixer un cache-nœud, p. 121
- Comment ouvrir et refermer une bélière, p. 122
- Comment réaliser un nœud simple et un nœud double, p. 124

Longueur finale : 32 po

Trois longueurs progressives de perles de verre d'une teinte crème antique font du modèle Mademoiselle Priss un collier élégant au style des plus féminins. De petites perles sont intercalées avec de plus grosses pour imiter un collier noué à la main, une technique utilisée pour créer des colliers en perles authentiques. Au lieu d'un fermoir traditionnel, les rangs de ce collier sont fixés à l'arrière à l'aide d'un ruban de velours très luxueux noué en boucle, dont les deux extrémités tombent en cascade.

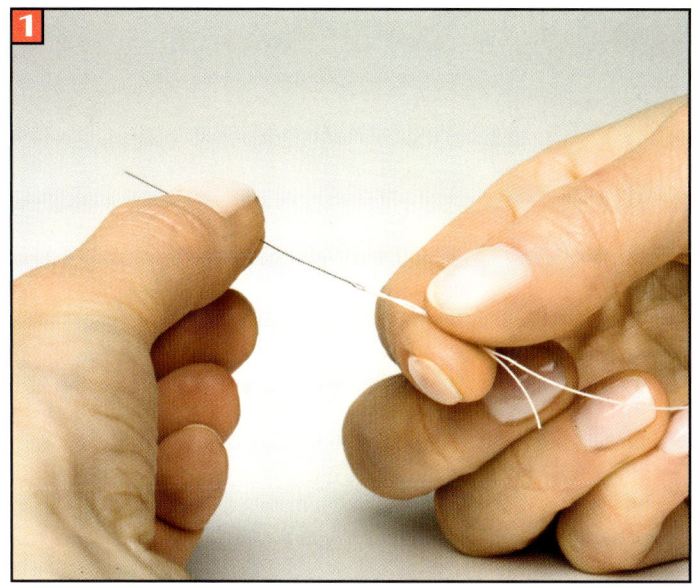

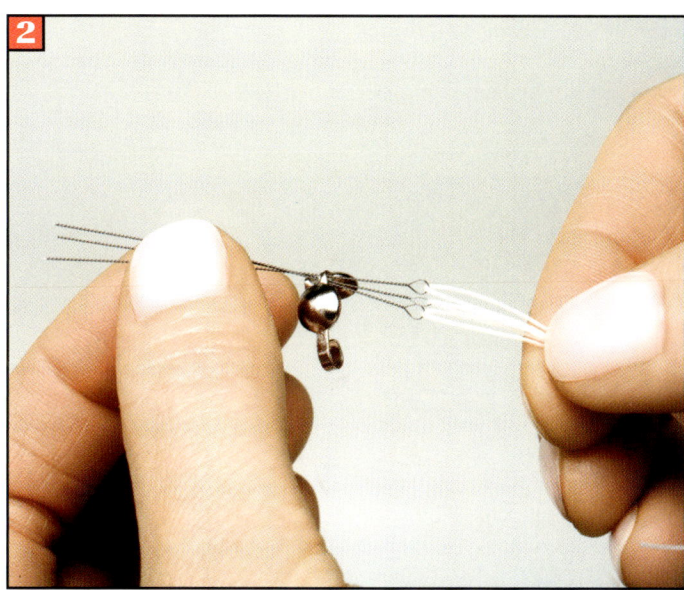

1. Coupez trois longueurs de fil de 40 po. Enfilez une aiguille sur chaque fil.

2. Passez les trois aiguilles dans un cache-nœud.

3. Tirez les fils jusqu'à ce que l'autre extrémité atteigne le cache-nœud. Faites un nœud d'arrêt double pour attacher ensemble les extrémités. Au besoin, faites un deuxième nœud pour vous assurer qu'il ne glissera pas du cache-nœud. Appliquez une gouttelette de colle en gel sur le nœud. Tirez pour que le nœud soit à l'intérieur du cache-nœud et coupez l'excédent de fil. Refermez le cache-nœud à l'aide de la pince à chaîne.

4. Laissez de côté deux fils. Sur le troisième, enfilez trois petites perles. Puis alternez petites et grosses perles.

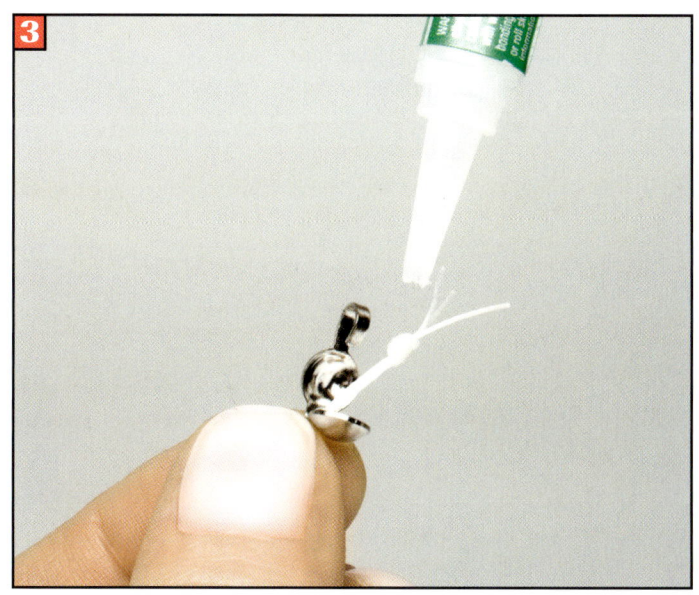

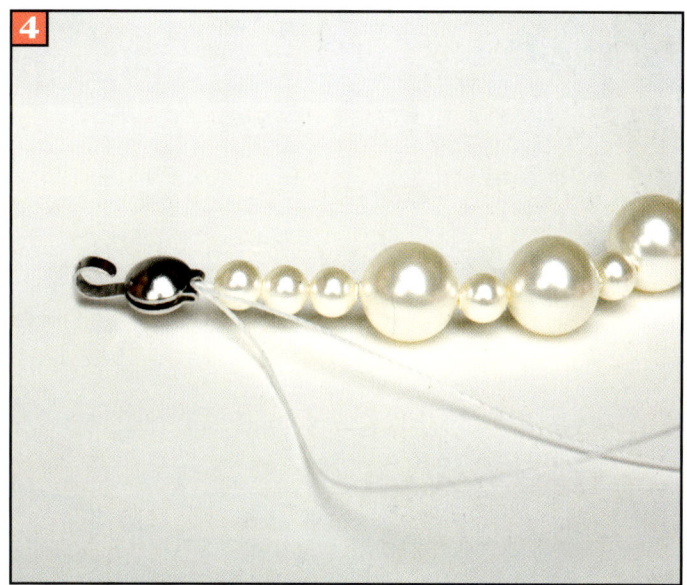

VARIATION : ROUGE ARDENT

Les petites perles rouges permettent de créer un collier délicat. Le ruban mince ajoute un motif à pois qui fait écho aux perles intercalaires de couleur corail.

Ce collier rouge et orange, des plus vivants avec ses trois rangs de longueurs progressives, alterne de grosses perles rouge jade et de petites perles rondes de couleur orange saumon. Même si les rangs sont plus courts que pour le modèle Mademoiselle Priss, ce collier est presque identique. Les rangs devraient avoir des longueurs respectives d'environ 22 po, 20 po et 18 po, avant l'ajout des trois dernières perles. Pour préserver la vivacité du modèle, un ruban de gros-grain orange pâle à pois blancs est utilisé comme fermoir.

Matériaux

- 118 perles rondes, rouge ou jade, 10 mm
- 136 perles rondes, corail ou saumon, 4 mm
- 2 cache-nœuds,
- 2 bélières, de calibre 14, 16 mm de diamètre
- ½ verge de ruban de gros-grain, orange à pois blancs, ⅝ po de largeur
- 1 bobine de fil de nylon, rouge, taille FF
- Ruban à masquer
- Colle à base de cyanoacrylate (colle instantanée)
- Colle blanche

Longueur finale : 24 po

5. Le rang devrait mesurer 30 po et se terminer par une grosse perle. (Vous enfilerez éventuellement trois petites perles pour terminer le rang.) Utilisez un morceau de ruban à masquer pour fixer le fil à la surface de travail.

6. Répétez les étapes 4 et 5 pour les deux autres fils. Mesurez les rangs pour qu'ils aient une longueur approximative de 24 po et de 22 po avant d'enfiler les trois petites perles sur chacun d'eux. Passez les trois aiguilles dans le cache-nœud qui reste. Retirez les aiguilles et répétez l'étape 3 pour fixer les fils.

7. Attachez les cache-nœuds à chaque extrémité des bélières.

8. Passez le ruban de velours dans les bélières et faites une boucle. Coupez les extrémités du ruban en angle. Appliquez de la colle blanche sur les extrémités coupées du ruban afin d'empêcher l'effilochage.

Plage de galets

Matériaux
- Chaîne en or à gros maillons de 42 po, calibre 8, fil demi-rond, 7 mm de largeur x 7 mm de longueur
- 90 pépites polies, couleurs variées, 1 cm de largeur x 1 cm de longueur à 2 cm de largeur x 3,5 cm de longueur
- 5 perles ovales de quartz crevassé, transparentes, 2,5 cm de largeur x 3,5 cm de longueur
- 95 épingles en or, calibre 22, 3 cm de longueur, tôte de 2 mm
- 95 bélières, or, calibre 18, 6 mm de diamètre

Outils
- Coupe-fil mémoire
- Coupe-fil
- Pince à chaîne
- Pince à bec coudé
- Pince à bec rond

Techniques
- Comment ouvrir et refermer une bélière, p. 122
- Comment créer un anneau de fil enroulé, p. 120

Longueur finale : 40 po

À la fois élégant et sophistiqué, le collier Plage de galets présente un seul rang constitué d'une chaîne en or débordant de petites pépites polies et multicolores. Chaque pépite et chaque perle est fixée à la chaîne grâce à une épingle enroulée sur elle-même, puis attachée à la chaîne à l'aide d'une bélière. Cela donne du mouvement aux pierres lorsque le collier est porté.

Les maillons brillants qui constituent cette longue chaîne scintillent lorsque le collier est porté.

1. À l'aide du coupe-fil mémoire, coupez une longueur de chaîne de 40 po. Laissez-la de côté. Trouvez le point de soudure d'un maillon d'extrémité du reste de la chaîne. À l'aide du coupe-fil, coupez le maillon. Utilisez la pince à chaîne pour ouvrir le maillon et le retirer de la chaîne.

2. Rapprochez les deux extrémités de la chaîne de 40 po. Passez le maillon ouvert à l'étape 1 dans les deux maillons d'extrémité pour créer une chaîne continue.

3. À l'aide de la pince à chaîne, refermez le maillon pour créer un collier en or continu.

VARIATION : PETITE MONNAIE

Matériaux
- Chaîne plate de 48 po en or, alternant petits et grands anneaux, 10 mm de diamètre et 14 mm de diamètre
- Chaîne plate de 24 po, or, avec anneaux de 8 mm de de diamètre
- 9 bélières, or, calibre 10, 3 cm de diamètre
- 6 bélières, or, calibre 14, 14 mm de diamètre
- 17 bélières, or, calibre 14, 5 mm de diamètre

- Pièces en or :
  - 2 pièces de 16 mm de diamètre
  - 4 pièces de 22 mm de diamètre
  - 1 pièce de 25 mm de diamètre

- Médaillons de bronze :
  - 2 pièces de 12 mm de diamètre
  - 2 pièces de 14 mm de diamètre
  - 4 pièces de 22 mm de diamètre
  - 2 pièces de 25 mm de diamètre

Longueur finale : 54 po

ASTUCE
Le collier Petite monnaie est aussi magnifique en argent ! Différentes longueurs et styles de chaînes et de pièces sont offerts, à la fois en argent et en imitation argent, dans les boutiques spécialisées dans la fabrication de bijoux.

Le modèle Petite monnaie, un sautoir opéra, jumelle plusieurs styles de chaînes en or qu'on a embellies avec des pièces en or et des médaillons en bronze. On crée ce collier en reliant plusieurs longueurs de différentes chaînes à l'aide de bélières de deux tailles, ce qui ne nécessite que quelques outils et techniques. Utilisez le coupe-fil mémoire pour couper trois longueurs - 20, 18 et 5 po - à la chaîne à gros maillons de 48 po. À l'aide de la pince à chaîne et de la pince à bec coudé, fixez les bélières de 3 cm, de 14 mm, de 3 cm, de 14 mm et de 3 cm aux deux extrémités de la longueur de 20 po. Fixez ensuite la longueur de 18 po à la dernière bélière d'un côté et la longueur de 5 po à la dernière bélière de l'autre côté. À la fin de la longueur de 5 po, fixez les grosses et petites bélières selon le modèle ci-dessus. Fixez la longueur de 18 po à la dernière bélière pour créer une chaîne continue. Coupez une longueur de 20 po à partir de la chaîne à petits maillons de 24 po. Fixez chaque extrémité aux dernières bélières de 3 cm attachées à la chaîne à gros maillons de 20 po. Utilisez les bélières de 5 mm pour attacher les pièces en or et les médaillons de bronze de façon aléatoire sur les deux tiers du devant de la longueur du collier.

4. Consultez la section Comment créer un anneau de fil enroulé, p. 120, pour savoir comment assembler pépites et perles sur des épingles.

5. Créez ce collier sur trois rangs en fixant environ 30 pierres sur chaque rang. Répartissez les pierres et les perles de façon aléatoire, et remplissez les espaces de pierres de couleurs et de formes contrastantes. Consultez les étapes de disposition des perles ci-dessous pour avoir une bonne idée de la façon de répartir les pierres et les perles.

Étapes de la disposition des perles

Étape 1.
Fixez une bélière à une pierre et à la chaîne. Répétez pour fixer les 29 autres pierres.

Étape 2.
Répétez l'étape 1 pour remplir les espaces entre les pierres fixées à l'étape 1.

Étape 3.
Répétez l'étape 1 pour remplir les espaces entre les pierres déjà fixées.

Tarte aux framboises

Matériaux
- 170 perles rondes de quartz facetté, baie rouge, 10 mm
- 2 barrettes, pour 5 rangs, or, 3 cm de longueur
- 10 tubes à écraser, or, taille 2
- 2 bélières, or, calibre 16, 5 mm de diamètre
- 1 huit de sûreté, or
- 1 anneau à ressort, or, 18 mm de diamètre
- Fil, 0,40 mm de diamètre

Outils
- Règle
- Coupe-fil
- Pince à sertir
- Pince à chaîne
- Pince à bec coudé

Techniques
- Comment utiliser un tube à écraser, p. 119
- Comment ouvrir et refermer une bélière, p. 122

Longueur finale : 14 po

L'attrait de ce collier étincelant réside dans la riche substance des perles de quartz facetté, en raison de leur forme, de leur poids et de leur merveilleuse couleur de baies rouges. Attaché à l'arrière avec un gros fermoir brillant de couleur or, ce collier ras du cou chatoyant est composé de cinq rangs de perles identiques attachés à des barrettes dorées qui séparent les rangs et les gardent judicieusement répartis autour du cou.

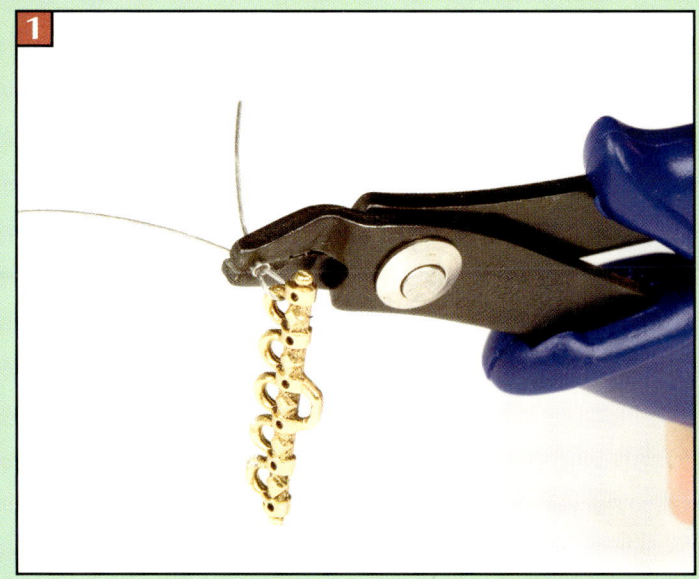

1. À l'aide du coupe-fil, coupez cinq fils de 18 po de longueur. Fixez une longueur de fil au trou extérieur de la barrette à l'aide d'un tube à écraser et de la pince à sertir.

Pour créer un collier ras du cou étincelant d'une couleur moins vive, créez chaque rang avec un mélange de billes de cristal de teintes très pâles : citrine, rose, lavande, vert mousse et bleu.

2. Enfilez 34 perles.

VARIATION : FEUILLES DE LAITUE

Ce fermoir traditionnel et étonnamment élégant met en valeur les rangs d'éclats de verre.

De petits éclats de péridot constituent l'attraction principale de ce collier à six rangs. Un fermoir décoratif en or, orné de pierres du Rhin vert foncé, ajoute de l'élégance à ce collier ras du cou imposant. Le modèle Feuilles de laitue est grandement inspiré du modèle Tarte aux framboises, mais avec quelques modifications. Pour ce modèle, les éclats sont enfilés sur une corde de transite. Au lieu d'utiliser des barrettes et un fermoir à anneau à ressort, on utilise ce fermoir en pierres du Rhin qui effectue les deux tâches. Chaque moitié de fermoir compte trois trous ; on attache donc deux fils à chaque trou.

Matériaux

- 6 rangs d'éclats de péridot, 6 mm de largeur x 4 mm de longueur x 6 mm d'épaisseur (rang de 16 po = 135 éclats)
- 12 tubes à écraser, or, taille 2
- Fermoir en pierres du Rhin pour trois rangs, or
- Corde de transite

Longueur finale : 18 po

ASTUCE

Cet élégant fermoir en pierres du Rhin a été subtilisé à un collier acheté dans un magasin d'aubaines. Les perles ne valaient pas la peine, mais le fermoir est surprenant !

3. À l'aide d'une perle à écraser et d'une pince à sertir, fixez l'autre extrémité du fil au trou extérieur correspondant de la deuxième barrette. Dissimulez l'extrémité du fil dans les dernières perles.

4. Répétez les étapes 1 à 3 pour fixer les quatre autres rangs de perles, en veillant à fixer chaque extrémité des rangs aux trous correspondants des deux barrettes.

5. À l'aide d'un anneau à ressort, de la pince à chaîne et de la pince à bec coudé, fixez le huit de sûreté à une barrette. Répétez cette étape de l'autre côté pour fixer l'anneau à ressort.

ASTUCE
Pour obtenir un style officiel, portez le collier avec les rangs parallèles. Pour créer un style plus décontracté, torsadez le collier avant de le porter.

Un petit côté piquant

Des éclats de quartz rose pâle, qui ressemblent à des stalactites trouvés dans une caverne, sont enfilés pour créer ce collier à rang unique et symétrique. Le secret de ce modèle réside dans son pendentif de quartz fumé facetté mis en valeur par de petites perles argent. Les éclats de quartz rose deviennent de plus en plus petits alors qu'ils s'éloignent du pendentif.

Matériaux
- 1 briolette de quartz fumé facetté, 3 cm de largeur x 4 cm de longueur x 4 mm d'épaisseur
- 1 rang d'éclats de quartz rose, 8 mm de largeur x 6 mm de longueur x 2 mm d'épaisseur jusqu'à 12 mm de largeur x 28 mm de longueur x 3 mm d'épaisseur (rang de 16 po = 150 éclats)
- 9 perles rondes, argent sterling, 2 mm
- 2 cache-nœuds, argent sterling
- 1 perle à écraser, argent sterling, taille 1
- 1 bélière, argent sterling, calibre 16, 8 mm de diamètre
- 1 fermoir en pince de homard, argent sterling, 8 mm de largeur x 12 mm de longueur
- Corde de transite

Outils
- Coupe-fil
- Colle à base de cyanoacrylate (colle instantanée)
- Pince à bec coudé
- Pince à chaîne
- Pince à sertir

Techniques
- Comment ouvrir et refermer une bélière, p. 122
- Comment utiliser un tube à écraser, p. 119
- Comment utiliser un cache-nœud, p. 121
- Comment fixer un cache-nœud, p. 121

Longueur finale : 17 po

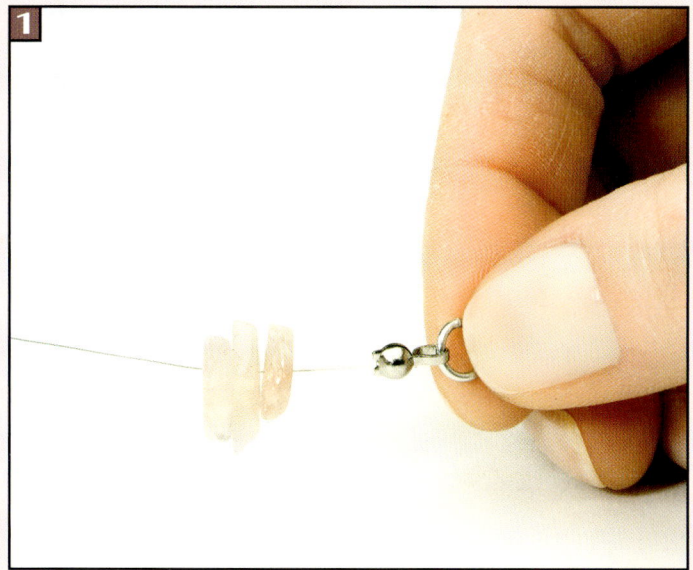 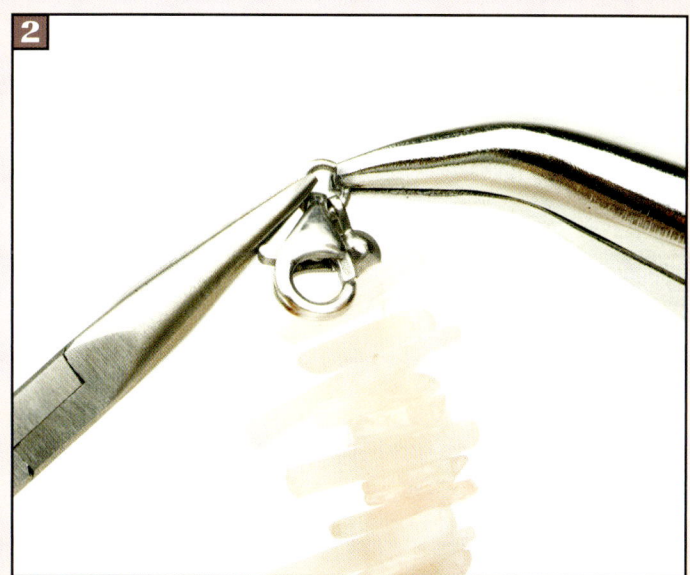

1. À l'aide du coupe-fil, coupez une longueur de corde de transite de 20 po. Fixez la corde à un cache-nœud et le cache-nœud à la bélière, à l'aide de la pince à chaîne et de la pince à bec coudé. Enfilez des éclats de quartz parmi les plus petits, en passant progressivement aux éclats plus gros mélangés aux plus petits, jusqu'au centre du collier. Puis recommencez à réduire la taille des éclats pour l'autre côté.

2. À l'autre extrémité, attachez la corde à l'autre cache-nœud. Attachez le cache-nœud au fermoir en forme de pince de homard à l'aide d'une pince à bec coudé et d'une pince à chaîne.

3. Coupez une longueur de transite de 6 po pour le pendentif. Enfilez le pendentif de quartz sur la corde, puis quatre perles argent de chaque côté du pendentif.

4. Rapprochez les extrémités de la corde et enfilez une perle à écraser sur les deux extrémités.

VARIATION : PIERRE PLATE

Le modèle Pierre plate est une variation de style du modèle Petit côté piquant, mais n'utilise pas les mêmes techniques. Au lieu des petits éclats qui pendent, de gros galets et des pépites de turquoise roses sont confortablement assis sur l'unique rang de ce collier. Les pierres de turquoise roses alternent avec des perles blanches et rondes pour créer un modèle amusant qui s'attache à l'aide d'un fermoir en argent. Il suffit de les enfiler sur une corde de transite de 30 po, d'utiliser des perles à écraser recouvertes de cache-nœuds et un fermoir en argent. C'est aussi simple que ça. Pour obtenir des instructions, consultez celles du modèle Wilma en page 12.

Matériaux
- 2 galets de turquoise, rose, 28 mm de largeur x 30 mm de longueur x 8 mm d'épaisseur
- 1 galet de turquoise, rose, 42 mm de largeur x 50 mm de longueur x 5 mm d'épaisseur
- 12 pépites de turquoise, rose, 12 mm de largeur x 18 mm de longueur
- 16 perles rondes, blanc marbré, 10 mm
- 2 cache-nœuds, argent sterling
- 2 tubes à écraser en argent sterling, taille 1
- 1 fermoir à crochet et œil, argent sterling
- Corde de transite

Longueur finale : 20 po

La couleur très féminine des perles contraste de façon intéressante avec leur forme brute. Présenté pour mettre en valeur le pendentif constitué de trois galets, le modèle Pierre plate est d'un style réservé.

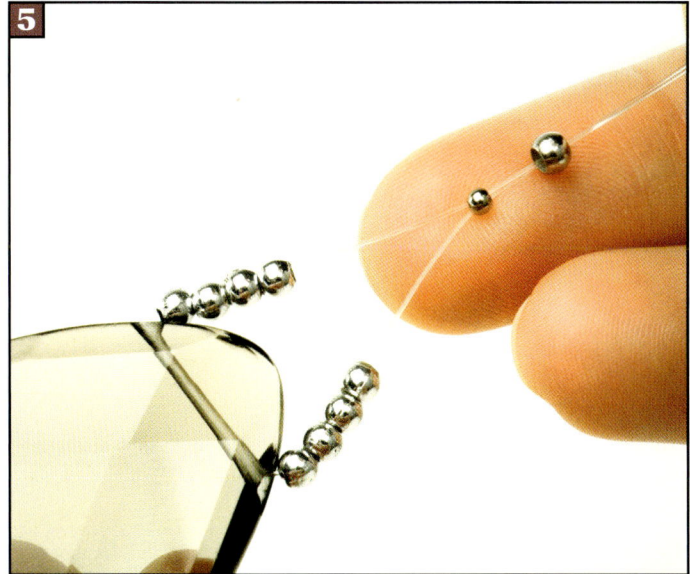

5. Enfilez la dernière perle argent et glissez-la vers le pendentif.

6. Enroulez les deux extrémités de transite autour du point central du collier. Passez les extrémités de la corde dans la dernière perle argent et dans la perle à écraser. Ajustez la corde pour que le pendentif soit placé sous les éclats et que ces derniers puissent remplir l'espace créé par l'accessoire, comme illustré.

7. Utilisez la pince à sertir pour fixer la perle à écraser.

8. Faites glisser la dernière perle argent sur la perle à écraser. À l'aide du coupe-fil, coupez l'excédent de corde.

ASTUCE
Lorsque vous utilisez des perles ou des pierres translucides, utilisez une corde transparente comme la corde de transite.

Orchidée noire

Composé de trois rangs de perles d'onyx noir et facetté de tailles progressives, le modèle Orchidée noire est mis en valeur par des barrettes or attachées à un fermoir à crochet et à chaîne terminé par une petite perle. La technique de nouage utilisée permet à chaque perle d'être fixée indivi-duellement et évite la perte de perles en cas de bris d'un rang. Ce collier exotique est décoré de trois fleurs tropicales sculptées dans de l'onyx noir.

Matériaux
- 3 fleurs tropicales, onyx noir, 4 cm de diamètre
- 35 perles rondes et facettées, onyx noir, 10 mm
- 40 perles rondes et facettées, onyx noir, 8 mm
- 59 perles rondes et facettées, onyx noir, 6 mm
- 2 barrettes, pour 3 rangs, or, 2 cm de longueur
- 3 tubes à écraser, or, taille 1
- 6 cache-nœuds, or
- 1 bélière, or, calibre 16, 4 mm de diamètre
- 1 fermoir à crochet, or
- Chaîne à maillons de 3,5 po de longueur, or, 6 mm de largeur x 7 mm de longueur
- 2 épingles, or, 2 cm de longueur, tête de 2 mm
- 1 bobine de fil de nylon, noir, taille FF

Outils
- Règle
- Ciseaux
- Ciment pour cristal
- Aiguilles à enfiler en fil torsadé pour perlage léger à moyen
- Pincettes
- Pince à chaîne
- Pince à bec coudé
- Pince à bec rond
- Coupe-fil
- Pince à sertir

Techniques
- Comment fixer un cache-nœud, p. 121

Longueur finale : 16 po

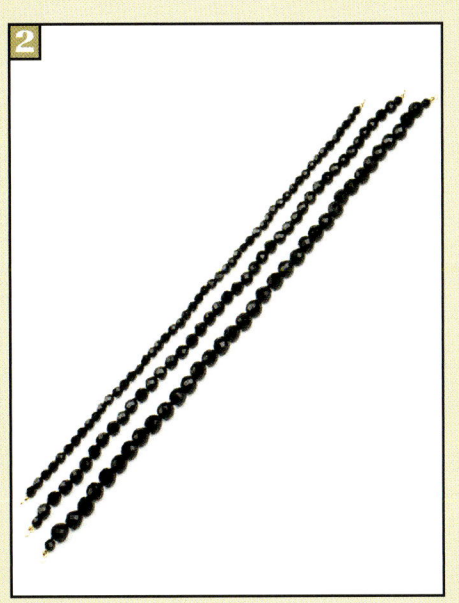

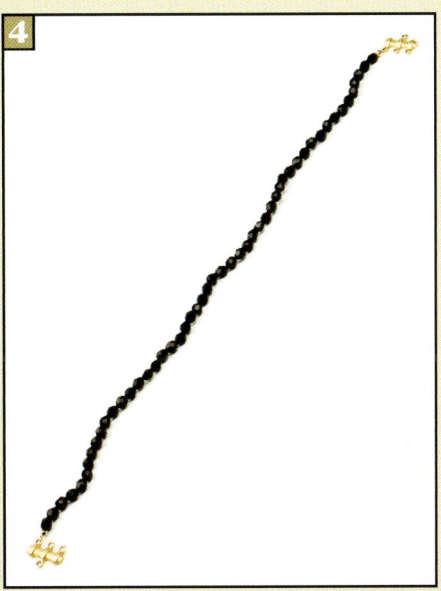

1. À l'aide de deux nœuds et de 51 des perles de 6 mm, créez un rang de 14 po en suivant les instructions pour Créer un collier noué (voir p. 123).

2. Pour créer un rang de 15 po, enfilez une perle de 6 mm, toutes les perles de 8 mm et une perle de 6 mm. Pour créer un rang de 16 po, enfilez une perle de 6 mm, toutes les perles de 10 mm et une perle de 6 mm.

3. Utilisez les pinces à chaîne pour fixer une extrémité du rang de 14 po au trou extérieur de la barrette.

4. Fixez l'autre extrémité à un trou extérieur correspondant sur l'autre barrette.

5. Utilisez les pinces à chaîne pour fixer le rang de 15 po aux trous du centre et le rang de 16 po aux trous extérieurs des barrettes.

6. À l'aide de deux pinces, fixez le crochet du fermoir à une barrette.

7. À l'aide de la pince à chaîne et de la pince à bec coudé, fixez la chaîne en or à l'autre barrette grâce à une bélière.

8. Pour ajouter la perle sur la chaîne du fermoir, commencez par enfiler une perle de 6 mm sur l'épingle.

9. À l'aide de la pince à chaîne, saisissez l'aiguille ⅛ po au-dessus de la perle. Tournez la pince pour replier l'épingle à un angle de 90°.

10. À l'aide de la pince à bec coudé, saisissez l'aiguille au niveau du pli. Utilisez vos doigts pour replier la tige de l'épingle autour de la pince et croisez à l'avant de la tige pour former un anneau.

11. À l'aide du coupe-fil, coupez l'aiguille.

12. Utilisez la pince à chaîne pour ouvrir l'anneau et insérez-le dans le dernier maillon de la chaîne. Refermez l'anneau.

13. Pour fixer les fleurs, comme à la page 44, coupez une longueur de fil de 12 po et doublez le fil en l'enfilant dans l'aiguille à enfiler. Insérez l'aiguille au centre de la fleur par le dessous. Ne tirez pas les extrémités du fil au travers de la fleur.

14. Enfilez une perle de 6 mm.

15. Réinsérez l'aiguille dans le centre de la fleur.

16. Nouez les deux extrémités du fil à l'aide d'un nœud d'arrêt double. Coupez le fil près de l'aiguille.

17. Insérez les extrémités de fil dans un tube à écraser et enroulez-les autour du milieu d'un fil de 16 po. Refaites passer les extrémités dans le tube à écraser, tirez les extrémités pour rapprocher la fleur du collier.

18. Écrasez le tube (voir page 119). Répétez les étapes 13 à 17 pour fixer les deux autres fleurs.

Jet setter

Matériaux
- 3 briolettes d'onyx facetté, 3 cm de largeur x 4 cm de longueur x 6 mm d'épaisseur
- 4 palets en onyx, 13 cm de diamètre x 5 mm d'épaisseur
- 3 tubes en onyx, 10 mm de diamètre x 5,2 cm d'épaisseur
- 10 olives en onyx facetté, 1,5 cm de largeur x 2 cm de longueur
- 16 perles rondes en onyx, 16 mm
- 9 perles rondes en onyx facetté, 14 mm
- 26 perles rondes en onyx facetté, 8 mm
- Monofilament, 30 lb.

Outils
- Règle
- Coupe-fil
- Ruban à masquer (facultatif)
- Colle à base de cyanoacrylate (colle instantanée)
- Trombone

Techniques
- Comment réaliser un nœud simple et un nœud double, p. 124

Longueur finale : 42 po

Des perles noires et polies extrêmement réfléchissantes constituent ce très long collier à un seul rang. Les perles sont de différentes tailles et textures, et marient briolettes, palets, tubes et perles rondes avec surfaces facettées ou lisses. Le collier Jet setter est un collier à un seul rang continu, il n'a donc pas de fermoir. En conséquence, il peut être porté de plusieurs façons différentes.

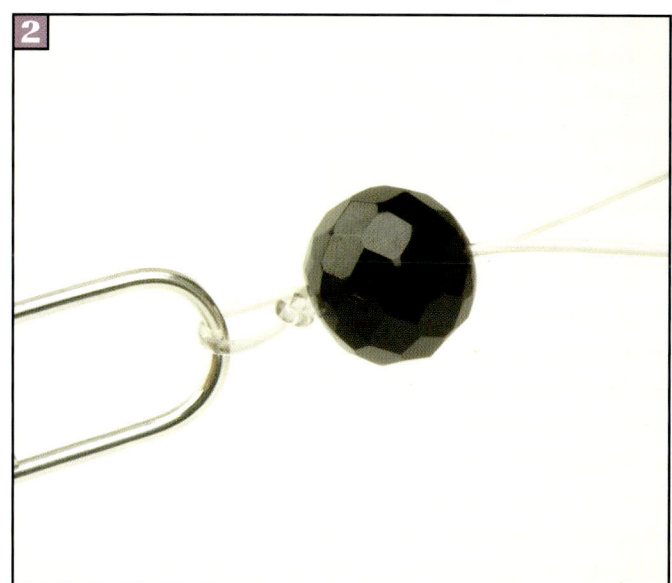

1. Coupez une longueur de monofilament de 66 po. Faites un double nœud d'arrêt à 12 po de l'extrémité ; fixez-le avec une gouttelette de colle. Identifiez le point de départ sur la photo du collier, à la page 48. Enfilez les trois premières perles à la gauche du point de départ.

2. Enfilez un trombone sur l'extrémité de 12 po du monofilament. Repassez l'extrémité la plus courte dans la première perle pour emprisonner le trombone. Serrez le filament pour rapprocher le trombone de la perle.

3. De l'autre côté de la perle, nouez le filament en un nœud d'arrêt simple, très proche de la perle, et ajoutez-y une goutte de colle.

4. Enfilez la même extrémité courte dans la deuxième perle. Tirez le monofilament pour qu'il soit bien tendu et que les nœuds affleurent les perles. Répétez l'étape 3.

5. Passez la courte extrémité dans la troisième perle, puis répétez l'étape 3.

VARIATION : PROVENCE

Matériaux

- 10 palets hexagonaux en jade, 2 cm de largeur x 2,5 cm de longueur x 5 mm d'épaisseur
- 10 pépites de cristal de quartz brut et opaque, 15 mm de largeur x 20 mm de longueur x 14 mm d'épaisseur
- 15 perles rondes de quartz facetté, lavande, 14 mm
- 5 rectangles de fluorite, vert, 14 mm de largeur x 20 mm de longueur x 6 mm d'épaisseur
- 10 pépites de quartz transparent, 10 mm de largeur x 14 mm de longueur x 8 mm d'épaisseur
- 50 rondelles facettées, améthyste, 6 mm de diamètre x 3 mm d'épaisseur
- Corde de transite

Longueur finale : 36 po

ASTUCE

Lorsque vous créez un collier d'un rang continu, veillez à ce que la corde ou le fil utilisé accepte bien les nœuds et qu'il apporte un complément aux perles. Par exemple, utilisez un monofilament avec des perles translucides ou transparentes pour faire ressortir la couleur du monofilament.

Le collier Provence est composé d'un motif répétitif de surprenantes perles translucides lavande, violettes, vertes et transparentes. Le collier compte des perles de différents styles et formes qui, ensemble, créent un bijou unique. Suivez les instructions du modèle Jet setter.

Enfilez les perles dans cet ordre à moins d'indication contraire : perle lavande ronde, hexagone de jade avec quatre rondelles d'améthyste au centre, perle ronde et lavande, hexagone de jade avec quatre rondelles d'améthyste au centre, perle ronde et lavande, quartz brut, pépite de quartz transparent, rondelle d'améthyste, rectangle de fluorite verte, rondelle d'améthyste, pépite de quartz transparent et quartz brut. Répétez quatre fois.

6. En travaillant vers la gauche (ou dans le sens antihoraire), continuez d'enfiler les perles sans nœud entre elles, puis coupez la plus courte extrémité du fil pour qu'elle puisse être dissimulée dans la cinquième perle. Dissimulez l'extrémité.

7. Lorsque toutes les perles sont enfilées, rapprochez l'extrémité avec le trombone et l'extrémité nue du fil. (Il reste deux perles à enfiler sur cette photo.)

8. Retirez le trombone de l'anneau et faites passer l'extrémité du fil dans l'anneau.

9. Repassez l'extrémité du fil dans la première perle du côté opposé de l'anneau.

10. Nouez l'extrémité en un nœud d'arrêt simple et fixez à l'aide d'une goutte de colle. Répétez pour la deuxième et la troisième perle. Coupez l'extrémité plus courte du fil pour qu'il puisse être dissimulé dans la cinquième perle. Dissimulez l'extrémité.

Bracelets

Melondrame

Glace concassée

Cristal rose

Averse bleue

Margarita

Cubes de sucre

Nœud d'amour

Coucher de soleil

Confettis

Si charmant

Velours bleu

Ruban bonbon

Dalmatien

Orange Crush

Verre de mer

Océan

Ruisseau argenté

Souvenir

Paris Café

Grêle blanche

Melondrame

Matériaux
- 4 rondelles opaques et facettées, bleu pâle, 18 mm de diamètre x 11 mm de longueur
- 18 perles de verre rondes et opaques, rose melon d'eau, 12 mm
- 46 perles de verre rondes et chatoyantes, cantaloup, 8 mm
- 17 perles de verre rondes et transparentes, orange marbré, 8 mm
- 49 perles de verre rondes et chatoyantes, vert lime, 8 mm
- 15 perles en verre soufflé, orange, blanc et noir, 7 mm
- 12 tubes à écraser en argent sterling, taille 2
- 2 bélières, argent sterling, calibre 16, 7 mm de diamètre
- 2 bélières, argent sterling, calibre 16, 5 mm de diamètre
- Fermoir à barrette avec anneau en forme de fleur, 13 mm de largeur
- Fil, 0,40 mm de diamètre

Outils
- Règle
- Coupe-fil
- Pince à chaîne
- Pince à bec coudé
- Pince à sertir

Techniques
- Comment ouvrir et refermer une bélière, p. 122
- Comment utiliser un tube à écraser, p. 119

Un savant mélange de perles aux couleurs de fruits appétissants confère toute sa beauté et son éclat à ce bracelet composé de six rangs de perles de verre. Ici, on a décidé d'attirer l'attention avec des perles en verre soufflé orange, blanches et noires, alors qu'un autre rang combine harmo-nieusement petites et grosses perles facettées de couleur bleue et verte. Attaché grâce à un fermoir à barrette en forme de fleur, ce bracelet est aussi original qu'amusant.

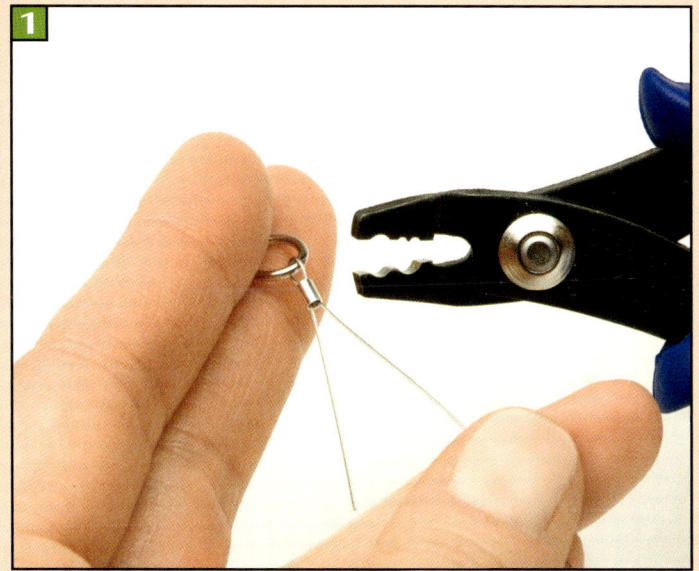
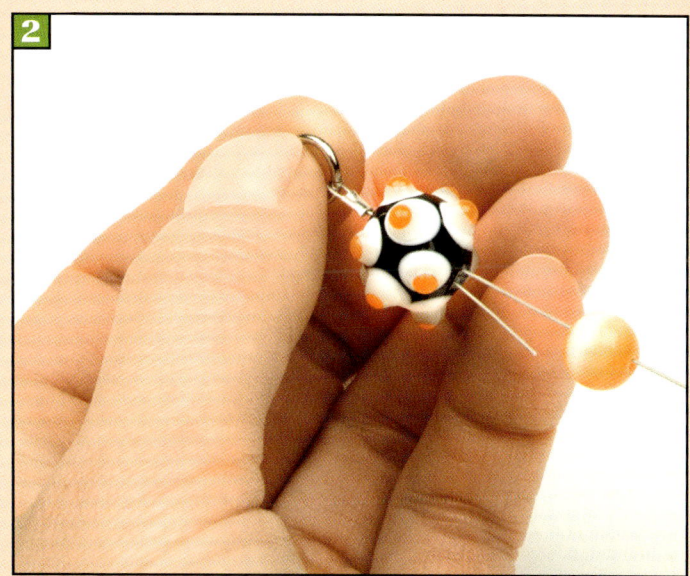

1. À l'aide du coupe-fil, coupez six fils de 12 po de longueur. À l'aide d'un tube à écraser et d'une pince à sertir, fixez une bélière de 7 mm à l'extrémité d'une longueur de fil.

2. En respectant la disposition des billes, choisissez un rang et enfilez les perles correspondantes. Enfilez un tube à écraser à l'extrémité du rang et fixez une autre bélière de 7 mm à l'aide de la pince à sertir.

Disposition des perles

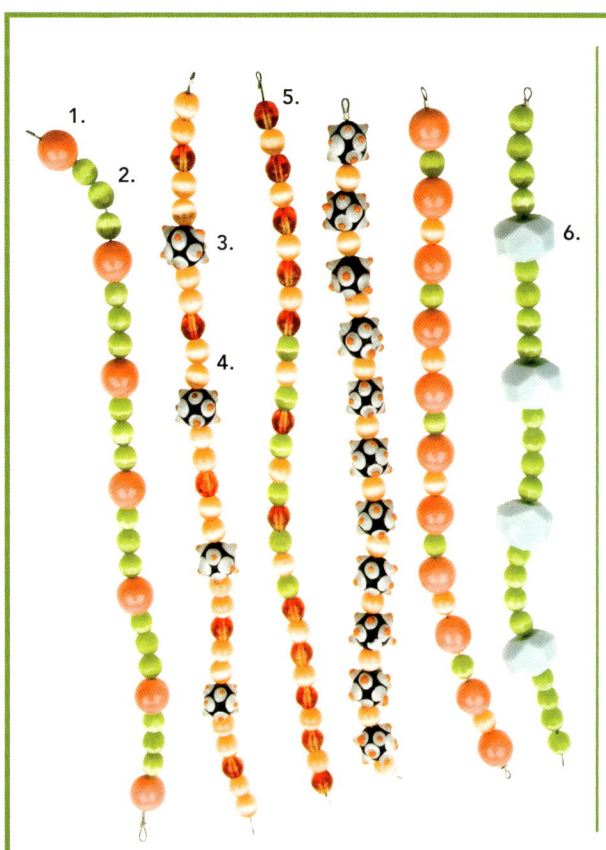

1. Perle de verre ronde et opaque, rose melon d'eau, 8 mm

2. Perle de verre ronde et chatoyante, vert lime, 8 mm

3. Perle en verre soufflé, orange, blanc et noir, 7 mm

4. Perle de verre ronde et chatoyante, orange, 8 mm

5. Perle de verre ronde et transparente, orange marbré, 8 mm

6. Rondelle opaque et facettée, bleu pâle, 18 mm de diamètre x 11 mm de longueur

VARIATION : GLACE CONCASSÉE

Un joli mélange de perles transparentes, crevassées et givrées donnent l'impression que ce bracelet de cinq rangs a été taillé dans la glace. Il comprend des cristaux naturels qui semblent s'être détachés d'un gros morceau de cristal, des cubes de quartz brut dont les surfaces sont brutes, ainsi que des éclats de formes irrégulières d'un blanc laiteux. Lorsqu'elles sont très polies, les perles de quartz surdimensionnées révèlent des fissures capillaires qui créent un contraste de texture étincelant. Les rondelles bleu pâle déposent un voile de couleur sur les perles blanches.

Matériaux

- 12 morceaux de quartz brut, cubes de 0,5 po
- 9 éclats de quartz transparent, 0,75 po de largeur
- 10 disques de verre transparent, avec centre bleu, 10 mm de diamètre x 3 mm d'épaisseur
- 28 briolettes de quartz transparent en forme de griffe, 8 mm de largeur x 3 mm de longueur x 6 mm d'épaisseur
- 20 briolettes de quartz crevassé et opaque en forme de griffe, blanc, 8 mm de largeur x 3 mm de longueur x 6 mm d'épaisseur
- 34 rondelles de quartz, bleu pâle, 3 mm de diamètre x 4 mm de longueur
- 7 perles ovales de quartz crevassé et transparent, 2,3 cm de largeur x 3,5 cm de longueur
- 29 petites perles de cristal transparent, taille 11
- 10 tubes à écraser, argent sterling, taille 2
- 2 bélières, argent sterling, calibre 16, 7 mm de diamètre
- 2 bélières, argent sterling, calibre 6, 5 mm de diamètre
- Fermoir à barrette, argent sterling, 15 mm de diamètre
- Fil, 0,40 mm de diamètre

Ordre des perles

Rang 1 :
Alternez morceaux de quartz brut et rondelles bleu pâle.

Rang 2 :
Alternez éclats de quartz et disques de verre.

Rang 3 :
Alternez briolettes de quartz transparent en forme de griffe et petites perles.

Rang 4 :
Enfilez toutes les briolettes en quartz crevassé et opaque en forme de griffe.

Rang 5 :
Enfilez toutes les perles ovales en quartz crevassé.

3. À l'aide d'un tube à écraser et de la pince à sertir, fixez une autre longueur de fil à la bélière, comme à l'étape 1. Suivez les instructions de l'étape 2 pour compléter le rang. Continuez pour compléter les quatre autres rangs.

4. Ouvrez une bélière de 5 mm et enfilez-la dans la bélière de 7 mm et dans l'anneau du fermoir à barrette. Refermez la bélière à l'aide de la pince à chaîne et de la pince à bec coudé.

5. Répétez l'étape 4 pour fixer le fermoir à barrette à l'autre extrémité.

ASTUCE
Chaque rang de perles fini est d'une longueur approximative de 9 po. Parce que les perles sont de diamètres différents et que chaque rang est composé de perles différentes, la longueur de chaque rang sera légèrement différente.

Cristal rose

Matériaux
- 36 perles rondes et transparentes à facettes, rose, 16 mm
- 37 rondelles transparentes et facettées, rose, 4 mm de diamètre x 3 mm de longueur
- Bobine de fil mémoire, argent brillant, pour gros bracelets

Outils
- Coupe-fil
- Pince à chaîne
- Toile d'émeri

Des cristaux roses et facettés de grand format sont enfilés sur des boucles et des boucles de fil mémoire afin de créer une spirale continue de perles qui étincellent de style. Facile et amusant à réaliser, ce bracelet ne nécessite qu'un fil qui mémorise sa forme initiale. N'oubliez pas de plier chaque extrémité du fil pour ne pas perdre les perles.

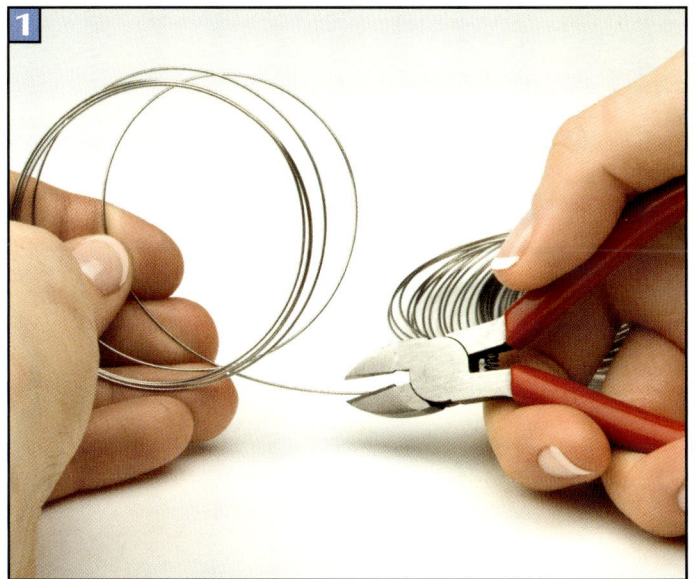

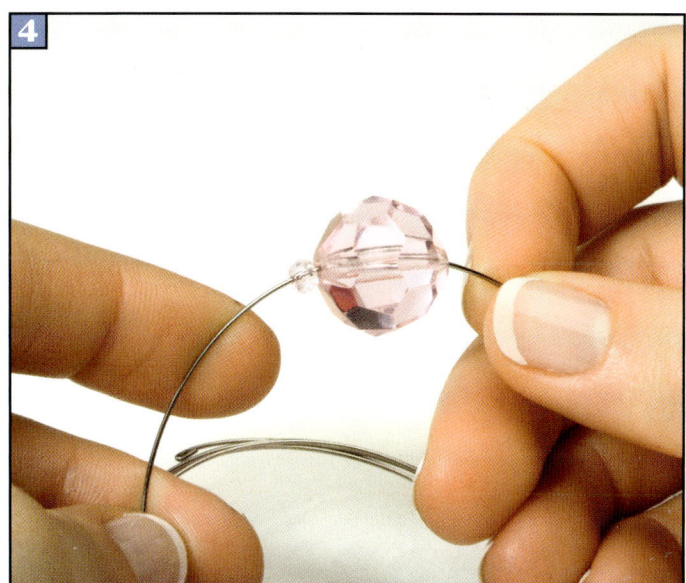

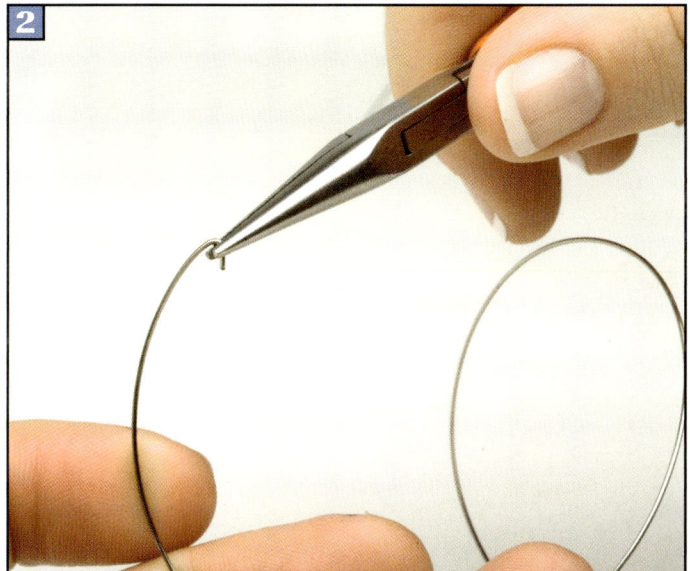

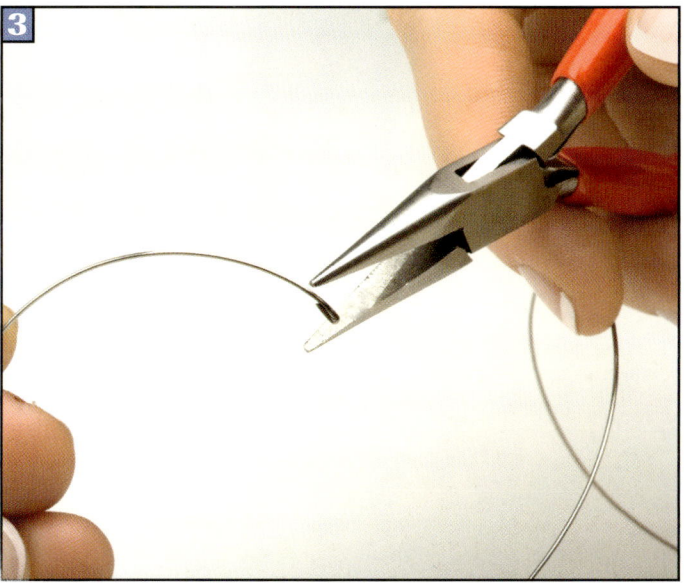

1. Mesurez quatre boucles complètes de fil mémoire et coupez à cette longueur. Utilisez la toile d'émeri pour adoucir les extrémités coupées.

2. À l'aide du bout de la pince à chaîne, repliez le fil à ⅛ po de l'extrémité.

3. Utilisez une portion plus large des mâchoires de la pince pour écraser l'extrémité.

4. Enfilez une rondelle et une perle ronde, puis faites-les glisser jusqu'à l'extrémité opposée du fil. Faites glisser les perles le long du fil jusqu'à l'extrémité pliée.

VARIATION : AVERSE BLEUE

Matériaux

- 10 briolettes transparentes et facettées, bleu, 15 mm de diamètre x 26 mm de longueur
- 8 ovales transparents et facettés, rose, 6 mm de diamètre x 8 mm de longueur
- 350 ovales transparents et facettés, bleu, 3 mm de diamètre x 4 mm de longueur
- 12 perles rondes et opaques, bleu, 3 mm
- Bobine de fil mémoire, argent brillant, pour gros bracelets

Vous pouvez porter le bracelet Cristal rose avec le bracelet Averse bleue. Ils ont un look du tonnerre lorsqu'ils sont portés avec une robe de soirée ou une camisole lacée.

Pour créer cette élégante manchette, nous avons enfilé sept boucles de fil mémoire avec des perles de cristal de couleur aqueuse. Ce motif de perles reprend les teintes d'une douce averse printanière et les gros cristaux en forme de gouttes suggèrent également l'averse de pluie. Sertissez une extrémité du fil en suivant les instructions du modèle Cristal rose. Disposez les perles en ligne droite et placez-les selon un ordre agréable. Enfilez-les sur le fil mémoire. Lorsque toutes les perles ont été enfilées, sertissez l'autre extrémité du fil.

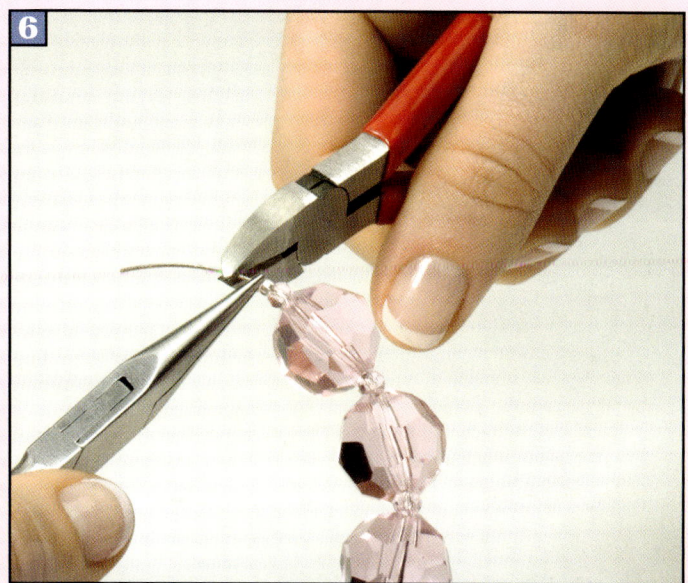

ASTUCE

Plus le nombre de boucles de fil mémoire est élevé, plus il est essentiel d'ajouter de perles pour obtenir une apparence imposante. N'oubliez pas que plus les perles sont lourdes, plus le bracelet le sera.

5. Poursuivez avec le reste des perles en respectant le motif. Une fois toutes les perles enfilées, il vous restera environ 1 po de fil sans perle.

6. Utilisez la pointe de la pince pour mesurer une distance d'environ ⅛ de po de la dernière perle. Puis, à l'aide du coupe-fil, mesurez un autre ⅛ po. Coupez l'excédent de fil.

7. Utilisez la pince à chaîne pour replier l'extrémité du fil et écrasez-le comme aux étapes 2 et 3.

Margarita

Rappelant une rafraîchissante boisson d'été, les morceaux bruts de cristal de roche et les perles facettées en jade vert pâle nous font penser à un délicieux mélange mousseux de lime dans un verre refroidi avec le rebord trempé dans le sel marin... Cette création présente trois rangs de grosses perles, enfilées selon un motif répétitif, combinés à des fermoirs à barrettes argent ornées de strass. La douce nuance dans les couleurs laisse toute la place aux différences de formes et de textures. Un fermoir en forme de pince de homard en argent complète la pièce.

Matériaux
- 13 perles rondes et facettées, jade vert pâle, 20 mm
- 14 pépites brutes de cristal de roche, 10 mm de largeur x 13 mm de longueur x 12 mm d'épaisseur
- 30 perles rondes et facettées de cristal de roche teint, vert, 6 mm
- 2 barrettes ornées de strass, pour 3 rangs, argent,
- 6 tubes à écraser, argent sterling, taille 1
- 6 cache-nœuds, argent
- 1 bélière, argent sterling, calibre 16, 7 mm de diamètre
- 1 bélière, argent sterling, calibre 16, 5 mm de diamètre
- 1 fermoir en pince de homard, argent sterling, 7 mm x 14 mm
- Monofilament, 20 lb.

Outils
- Règle
- Coupe-fil
- Pince à sertir
- Pince à chaîne
- Pince à bec coudé

Techniques
- Comment ouvrir et refermer une bélière, p. 122
- Comment utiliser un cache-nœud pour recouvrir une perle à écraser, p. 122
- Comment utiliser un tube à écraser, p. 119

1. À l'aide du coupe-fil, coupez trois longueurs de fil de 10 po. Laissez-en deux de côté. À l'aide d'une perle à écraser et d'un cache-nœud, fixez une extrémité du fil au trou extérieur d'une barrette.

ASTUCE

Remarquez le rang central : le motif de perles commence par la perle de jade plutôt que par le cristal de roche. Ceci empêche les perles de jade des trois rangs de frotter les unes contre les autres.

Disposition des perles

1. Pépite brute de cristal de roche, 10 mm de largeur x 13 mm de longueur x 12 mm d'épaisseur

2. Perle ronde et facettée, jade vert pâle, 20 mm

3. Perle ronde et facettée de cristal de roche teint, vert, 6 mm

2. En respectant l'ordre, enfilez les perles sur le fil. Enfilez un cache-nœud et une perle à écraser à l'autre extrémité du fil et fixez celui-ci au trou extérieur correspondant de la deuxième barrette.

VARIATION : CUBES DE SUCRE

Matériaux
- 19 pépites brutes de cristal de roche, rose, 15 mm de largeur x 20 mm de longueur x 14 mm d'épaisseur
- 28 rondelles de cristal facetté, transparent, 5 mm de diamètre x 4 mm de longueur
- 6 perles rondes, or, 8 mm
- 32 perles rondes, or, 2 mm
- 2 barrettes décoratives, pour 3 rangs, or
- 6 perles à écraser, or, taille 1
- 6 cache-nœuds, or
- 1 bélière, or, calibre 16, 7 mm de diamètre
- 1 bélière, or, calibre 6, 5 mm de diamètre
- 1 fermoir à anneau à ressort, or, 12mm de diamètre
- Fil, 0,32 mm de diamètre

Les pépites de quartz brut (qui ressemblent à du sucre rose à l'état naturel) sont juxtaposées à de délicates perles or, à de chatoyantes rondelles de cristal facetté et à un fermoir décoratif de teinte dorée. Les perles se combinent pour créer un bracelet d'une élégance surprenante. Fabriqué de la même manière que le modèle Margarita, ce bracelet compte aussi trois rangs de perles fixés à des barrettes. Pour créer un bracelet qui compte plus de rangs, utilisez des barrettes pour cinq ou six rangs.

Les morceaux de quartz brut semblent encore plus luxueux parce qu'ils sont agencés à des perles de cristal facetté et à un fermoir en filigrane doré.

3. Répétez les étapes 1 et 2 pour fixer les deux autres rangs à la barrette. Enfilez le reste des perles et fixez chaque extrémité des rangs aux trous correspondants de la deuxième barrette.

4. Ouvrez la bélière de 5 mm à l'aide de la pince à chaîne et de la pince à bec coudé. Enfilez la bélière dans le trou supérieur d'une barrette et dans le fermoir en pince de homard ; refermez la bélière. Utilisez la même technique pour fixer la bélière de 7 mm au trou supérieur de la deuxième barrette.

L'attrait de ce bracelet réside dans le contraste de ses éléments. Des perles brutes et lisses, petites et grosses, sont mélangées et se distinguent par leur couleur allant du jade pâle au jade foncé.

Nœud d'amour

Matériaux
- 640 perles rondes de corail opaque, bleu pâle, 4 mm
- 16 tubes à écraser, argent sterling, taille 2
- 5 bélières, argent sterling, calibre 16, 8 mm de diamètre
- 1 fermoir en pince de homard, argent sterling, 8 mm de largeur x 16 mm de longueur
- Fil, 0,32 mm de diamètre

Outils
- Règle
- Coupe-fil
- Pince à sertir
- Pince à chaîne
- Pince à bec coudé

Techniques
- Comment ouvrir et refermer une bélière, p. 122
- Comment utiliser un tube à écraser, p. 119

Des rangs de perles de corail bleu pâle retenus par des bélières constituent le bracelet Nœud d'amour, un bijou étonnamment simple à créer. Ce bracelet est très long au moment de la fabrication pour permettre de faire un nœud au centre, ce qui ajoute un attrait visuel à son apparence monochromatique. Regroupées sur plusieurs rangs, les petites perles créent un gros impact. Pour créer un look différent, vous pouvez utiliser un rang de grosses perles rondes.

1. À l'aide du coupe-fil, coupez huit fils de 14 po de longueur. À l'aide d'un tube à écraser et d'une pince à sertir, fixez deux bélières à l'extrémité d'une longueur de fil.

2. Enfilez 80 perles sur le fil. Enfilez un tube à écraser à l'extrémité du rang et fixez deux autres bélières à l'aide de la pince à sertir.

3. Répétez les étapes 1 et 2 pour les sept autres rangs, en utilisant les mêmes bélières.

4. Ouvrez la bélière qui reste et enfilez-la dans les deux bélières à une extrémité du bracelet et dans le fermoir en pince de homard. Refermez la bélière à l'aide de la pince à chaîne et de la pince à bec coudé.

VARIATION : COUCHER DE SOLEIL

Les perles d'eau douce et les perles de cornaline rappellent les trésors que l'on trouve sur la berge à la fin de la journée.

Combinez quatre rangs de perles de cornaline avec quatre rangs de perles d'eau douce et regroupez-les à l'aide de bélières en or, puis, finalement, d'un fermoir en pince de homard en or. La couleur orange brûlé des perles de cornaline rappelle le coucher du soleil et s'avère un complément agréable aux perles d'eau douce de couleur pâle. Fabriquez le bracelet Coucher de soleil de la même façon que vous avez créé le bracelet Nœud d'amour, mais ajoutez, au début et à la fin de chaque rang, deux rondelles de cristal.

Matériaux

- 172 perles rectangulaires de cornaline, 5 mm de largeur x 7 mm de longueur x 3 mm d'épaisseur
- 240 perles d'eau douce teintes, or, 3mm de largeur x 5 mm de longueur x 2 mm d'épaisseur
- 32 rondelles de cristal facetté en forme de diamant, orange brûlé, 4 mm de diamètre x 4 mm de longueur
- 16 tubes à écraser, or, taille 2
- 5 bélières, or, calibre 16, 8 mm de diamètre
- 1 fermoir en pince de homard, or, 8 mm de largeur x 16 mm de longueur
- Fil, 0,32 mm de diamètre

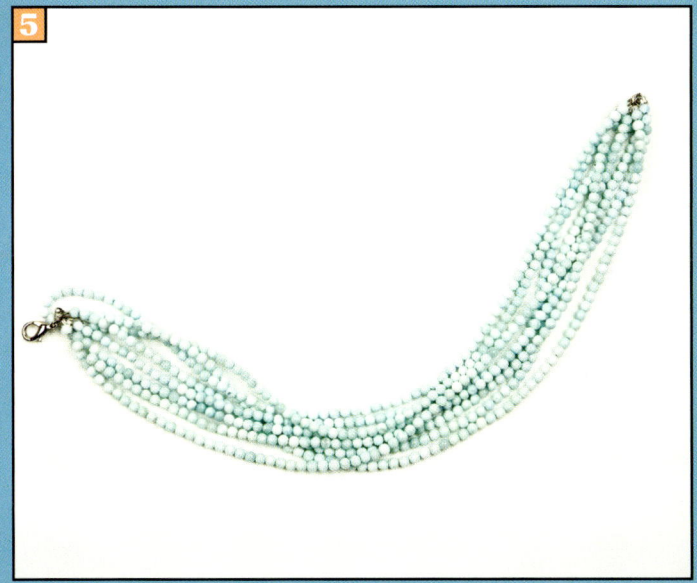

5. Pour faire le nœud, placez d'abord le bracelet ouvert sur une surface plane.

6. Déposez une extrémité sur l'autre.

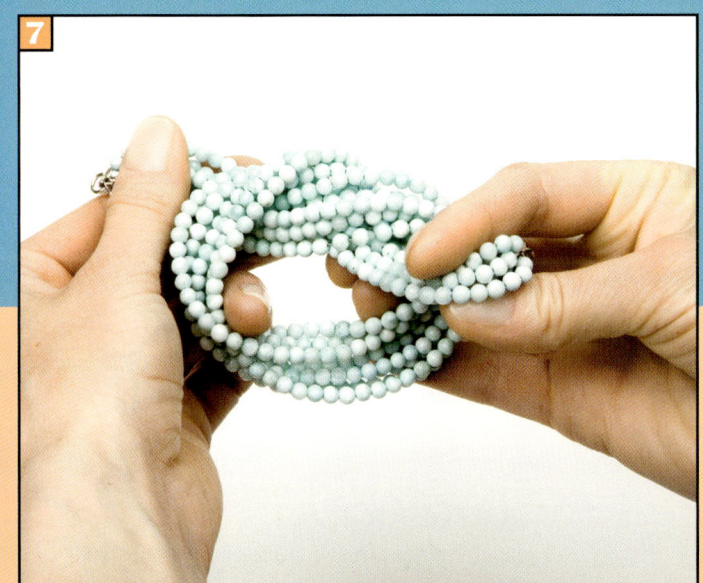

7. Insérez une extrémité dans l'espace ainsi créé au centre.

8. Tirez doucement pour finaliser le nœud.

ASTUCE
Essayez de combiner des perles de formes et couleurs différentes, et créez ainsi une apparence complètement nouvelle !

Confettis

Ce bracelet permet à celui qui le porte de changer ses breloques selon ses humeurs. Les breloques utilisées sont fabriquées de minces écailles chatoyantes, coupées en disques et peintes de pois, ou coupées en forme de fleur et teintes de couleurs vives. Les formes contrastantes lui confèrent un style joyeux. Un fermoir en pince de homard sur chaque breloque permet d'en ajouter ou d'en retirer facilement à la chaîne du bracelet. Un ruban floral tissé entre les maillons de la chaîne constitue la touche finale.

Matériaux
- 8 disques en écaille à pois, 3 cm de diamètre
    - 2 roses
    - 2 jaunes
    - 2 verts
    - 2 orange
- 16 écailles en forme de fleur, 2 cm de diamètre
    - 4 jaunes
    - 4 orange
    - 4 vertes
    - 4 roses
- Chaîne à maillons plats de 1 po, argent, calibre 12, fil demi-rond, 8 mm de largeur x 14 mm de longueur
- 26 bélières, argent, calibre 16, 6 mm de diamètre
- 24 fermoirs en pince de homard, argent, 8 mm de largeur x 15 mm de longueur
- Fermoir à barrette avec anneau en forme de fleur, argent, 13 mm de largeur
- ½ verge de ruban de satin, orange à pois blancs, ⅛ po de largeur

Outils
- Règle
- Coupe-chaîne
- Pince à chaîne
- Pince à bec coudé
- Ciseaux

Techniques
- Comment ouvrir et refermer une bélière, p. 122

1. À l'aide du coupe-fil mémoire, coupez une longueur de chaîne de 7 po.

2. Ouvrez une bélière et enfilez-la dans le dernier maillon de la chaîne et dans l'anneau du fermoir à barrette. Fermez la bélière à l'aide d'une pince. Utilisez une bélière pour fixer le fermoir à barrette à l'autre extrémité de la chaîne.

3. Enfilez une bélière ouverte dans un disque à pois et un fermoir en pince de homard ; refermez la bélière. Répétez pour les autres disques à pois et les fleurs.

ASTUCE
Le meilleur moyen d'ajouter des breloques est de déposer la chaîne sur une surface de travail pour s'assurer que celle-ci n'est pas torsadée. Ajoutez les breloques le long du côté inférieur des maillons de la chaîne. Ainsi, toutes les breloques pendront comme il faut lorsque le bracelet sera porté.

VARIATION : SI CHARMANT

Ce bracelet à breloques emprunté aux designers et volontairement trop chargé arbore une lourde chaîne en or, des perles émaillées peintes en noir avec embouts, ainsi que des cubes dorés ornés de roses gravées des quatre côtés. Il est important de noter que vous devez d'abord installer les perles noires et les cubes dorés en créant des anneaux de fil enroulé avec les épingles. Il faut ensuite les attacher aux maillons du bracelet à l'aide de bélières. Enfin, fixez les autres breloques dorées au bracelet à l'aide de bélières et de fermoirs en pince de homard.

Matériaux

- 6 perles rondes de verre peint, noir avec roses, 20 mm
- 7 cubes rectangulaires avec roses gravées, or, 9 mm de largeur x 10 mm de longueur x 9 mm d'épaisseur
- 13 breloques assorties :
  - Médaillon, or
  - Pois à écosser
  - Croix, or
  - 2 lettres monogrammes, strass et argent
  - Feuille, or
  - Danseuse, or
  - 2 cœurs monogrammes, émail noir et or
  - I LOVE NY, or
  - Médaillon de la statue de la Liberté, or
  - Pendentif floral ovale, or
  - Nœud d'amour, or
- 1 chaîne en or à gros maillons de 1 po, calibre 8, fil demi-rond, 7 mm de largeur x 7 mm de longueur
- 12 embouts pour perles, or, 8 mm de diamètre
- 2 bélières, or, calibre 14, 8 mm
- 1 anneau à ressort, or, 15 mm de diamètre
- 13 fermoirs en pince de homard, or, 6 mm de largeur x 10 mm de longueur
- 13 bélières, or, calibre 16, 4 mm de diamètre
- 13 bélières, or, calibre 16, 6 mm de diamètre
- Fil, or, calibre 22

Outils supplémentaires

- Coupe-fil
- Pince à bec rond

Techniques supplémentaires

- Comment créer un anneau de fil enroulé, p. 120

La juxtaposition de perles ventrues peintes en noir, de délicates roses et de breloques dorées des plus sentimentales crée un contraste de textures et un style tape-à-l'œil.

4. En respectant la disposition des perles, utilisez les fermoirs en pince de homard pour attacher les disques à pois et les fleurs à la chaîne.

5. Alors que le bracelet est ouvert sur une surface plane, enfilez le ruban à travers les maillons de la chaîne comme si vous tissiez. Prévoyez suffisamment de ruban aux deux extrémités pour pouvoir nouer une boucle afin de porter le bracelet.

Disposition des perles

1. Disque d'écaille à pois roses
2. Écaille jaune en forme de fleur
3. Écaille orange en forme de fleur
4. Disque d'écaille à pois jaunes
5. Disque vert en forme de fleur
6. Disque rouge en forme de fleur
7. Disque d'écaille à pois verts
8. Disque d'écaille à pois orange

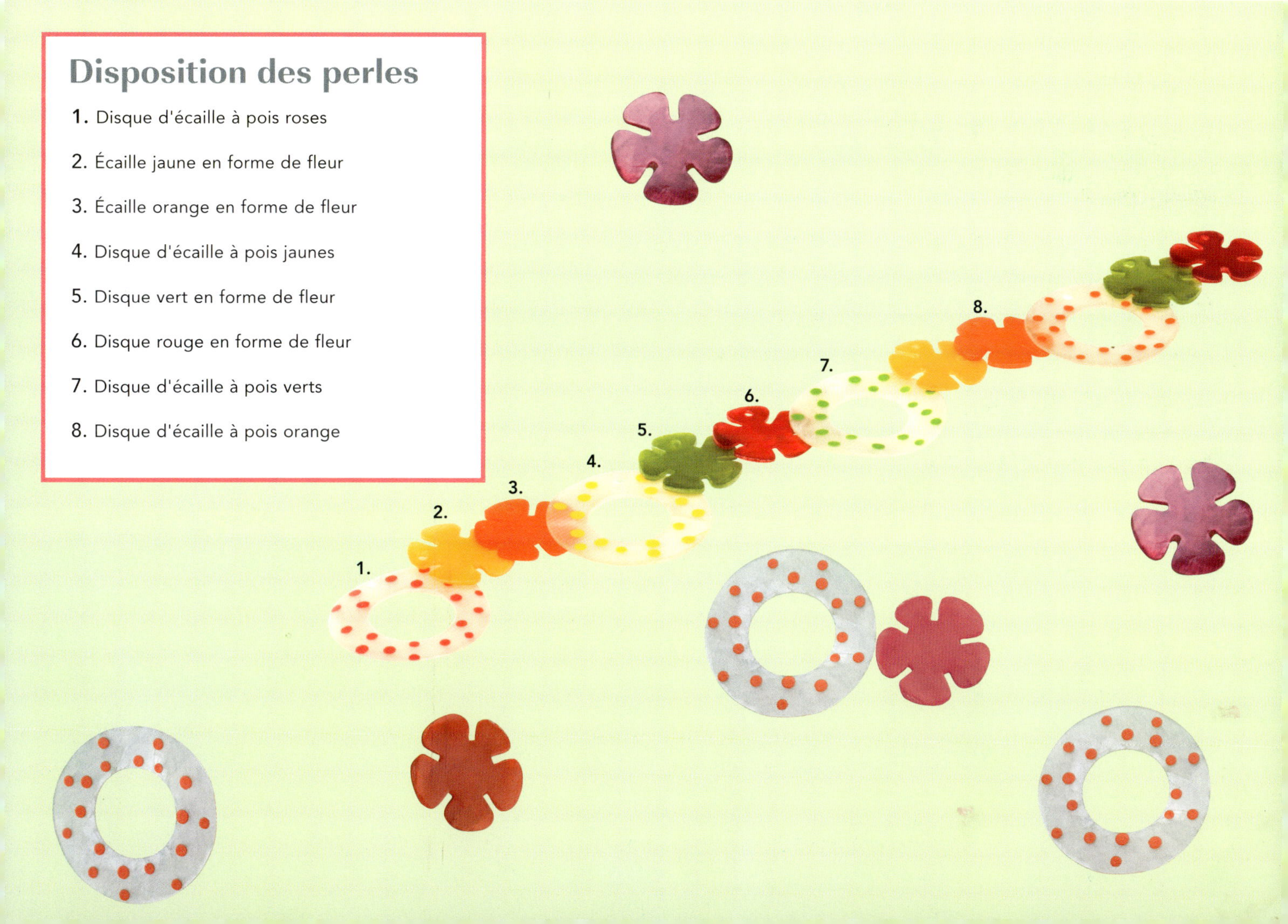

Velours bleu

Matériaux
- Boucle de ceinture en strass, rose, bleu, vert, jaune et violet, 3 po de diamètre
- ⅓ verge de ruban de velours, bleu, 2 po de largeur
- Fil à coudre coordonné au ruban
- Colle blanche

Outils
- Règle
- Ciseaux
- Épingles droites
- Machine à coudre

Inspiré d'un bracelet créé par un designer de haute couture, le modèle Velours bleu arbore une impressionnante boucle de ceinture en strass et un large ruban de velours bleu. La boucle de ceinture a la forme d'une étoile et elle est composée de pierres du Rhin rondes et colorées de taille marquise. Le ruban de velours bleu enfilé dans la boucle de ceinture est la base de ce bracelet ajustable qui fera tourner les têtes.

1. Coupez une longueur de ruban de 11 po.

2. Avec la boucle de ceinture et le ruban placés à l'envers, enfilez le ruban sous la première attache de la boucle.

3. Faites dépasser le ruban de 3 po. Repliez le dernier ¼ de po du ruban sur lui-même.

4. Repliez ensuite de nouveau le ruban et maintenez-le dans cette position à l'aide d'une épingle droite.

ASTUCE
Faites preuve d'imagination lorsque vous choisissez votre boucle de ceinture. Elles sont offertes dans une grande variété de styles!

VARIATION: RUBAN BONBON

Ce bracelet joyeux mis en valeur par une grosse boucle en plastique bleu transparent est l'ajout parfait à toute tenue estivale. Un ruban de gros-grain large et coloré arborant des rayures orange, rouges et bleues complètent parfaitement la boucle et permettent d'ajuster facilement le bracelet à votre poignet. Considérez l'achat de plusieurs rubans, ce qui vous permettra de changer de manchette aussi souvent que vous le souhaiterez. C'est un moyen abordable d'obtenir rapidement un tout nouveau look.

Il est préférable de coudre le tissu plutôt que de le coller, puisque la colle aura tendance à traverser le ruban et à laisser des marques du côté visible.

Matériaux
- Boucle de ceinture ronde en plastique transparent, bleu, 2 po de diamètre
- ½ verge de ruban de gros-grain à rayures, orange, rouges et bleues, 2 po de largeur
- Fil à coudre coordonné au ruban
- Colle blanche

ASTUCE
Le ruban de gros-grain n'est qu'une possibilité parmi tant d'autres. Vous pouvez aussi utiliser du ruban de velours, de satin ou d'organdi, et même de la dentelle de garniture. Ils sont offerts en un si grand nombre de couleurs et de motifs que vous trouverez sûrement celui qui convient le mieux à votre boucle de ceinture.

 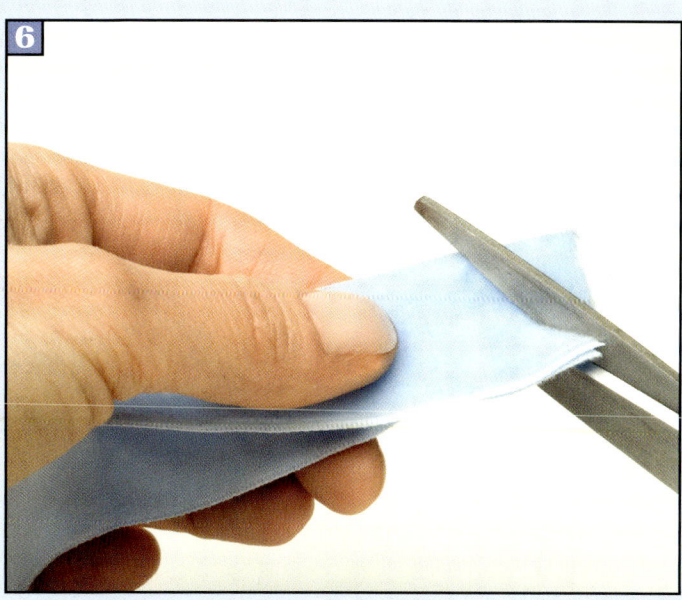

5. Une fois le fil coordonné enfilé dans la machine, effectuez une couture en travers du ruban à ⅛ po du pli final.

6. Enfilez l'autre extrémité du ruban dans la deuxième attache de la boucle, puis ajustez bien. Coupez l'extrémité du ruban de biais, comme illustré. Ajoutez une fine ligne de colle blanche le long du rebord brut du ruban pour l'empêcher de s'effilocher.

Les rubans de velours peuvent facilement glisser pendant qu'ils sont cousus. Il est donc judicieux d'utiliser des épingles droites pour les retenir.

ASTUCE
Les boucles de ceinture sont la solution idéale pour réaliser un gros bracelet. N'oubliez pas non plus de fouiner dans les boutiques d'artisanat, vous y trouverez sûrement plusieurs autres objets qui peuvent fonctionner exactement de la même façon !

Dalmatien

Matériaux
- 4 perles rondes et facettées, onyx noir, 24 mm
- 4 perles rondes et facettées, agate blanche, 24 mm
- 2 bélières, argent sterling, calibre 16, 8 mm de diamètre
- 2 tubes à écraser, argent sterling, taille 2
- ½ verge de ruban d'organdi noir à pois blancs, 1 po de largeur
- Monofilament, 30 lb.

Outils
- Règle
- Coupe-fil
- Pince à sertir
- Ciseaux

Techniques
- Comment utiliser un tube à écraser, p. 119

Simple et surprenant, ce Dalmatien noir et blanc est un ajout classique à toute garde-robe. Très facile à réaliser, ce bracelet est orné de perles d'onyx noires et de perles d'agate blanches et facettées. Il est composé d'un unique rang de grosses perles fixées à des bélières à chaque extrémité. Un ruban d'organdi noir à pois blancs est enfilé dans les bélières et est noué en boucle pour créer un fermoir original qui permet d'ajuster le bracelet à tous les poignets.

1. À l'aide du coupe-fil, coupez une longueur de fil de 12 po. Fixez une bélière à une extrémité à l'aide d'un tube à écraser et d'une pince à sertir.

2. Enfilez les perles en alternant les noires et les blanches.

3. À l'aide d'un tube à écraser et d'une pince à sertir, fixez une bélière à l'autre extrémité.

ASTUCE

Même si le ruban en organdi ajoute une touche d'élégance certaine, un ruban de gros-grain ou de velours ferait aussi très bien l'affaire. Les perles blanches et noires vont avec tout. Vous pouvez donc les agencer à un ruban de couleur vive comme le rouge.

VARIATION : ORANGE CRUSH

Matériaux
- 24 perles rondes de plastique, orange, 18 mm
- 4 tubes à écraser, argent sterling, taille 2
- 4 bélières, argent sterling, calibre 16, 8 mm de diamètre
- ½ verge de ruban de gros-grain à rayures, blanc et orange, ⅞ po de largeur
- Monofilament, 30 lb

ASTUCE
Pour créer un bracelet de style nautique, utilisez des perles bleu marine et blanches et un ruban à rayures des mêmes couleurs.

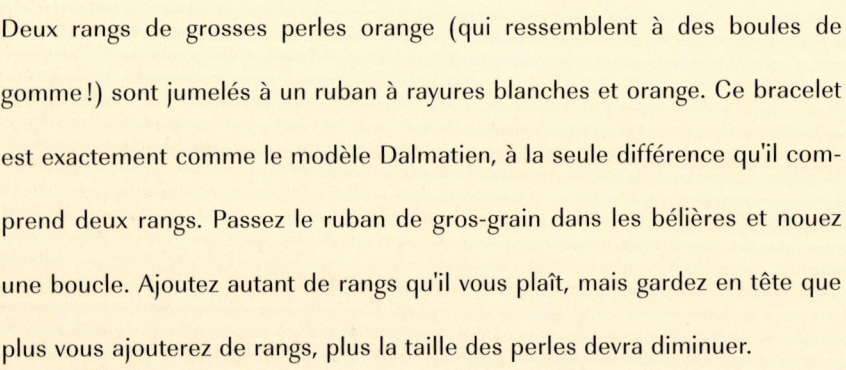

Deux rangs de grosses perles orange (qui ressemblent à des boules de gomme!) sont jumelés à un ruban à rayures blanches et orange. Ce bracelet est exactement comme le modèle Dalmatien, à la seule différence qu'il comprend deux rangs. Passez le ruban de gros-grain dans les bélières et nouez une boucle. Ajoutez autant de rangs qu'il vous plaît, mais gardez en tête que plus vous ajouterez de rangs, plus la taille des perles devra diminuer.

4. Rapprochez les extrémités du bracelet et passez le ruban dans les deux bélières.

Il existe tant de styles de perles sur le marché que vous n'aurez aucune difficulté à trouver celles qui se marient à votre style.

5. Nouez le ruban en boucle en l'ajustant à votre poignet. Coupez l'excédent de ruban.

Verre de mer

Matériaux
- 7 rangs d'éclats d'aigue-marine, bleu pâle, 6 mm de largeur x 4 mm de longueur x 6 mm d'épaisseur (rang de 16 po = 135 éclats)
- Fil mémoire, argent brillant, pour gros bracelets, 16 boucles minimum

Outils
- Coupe-fil mémoire
- Pince à chaîne
- Pince à sertir
- Toile d'émeri

Cette manchette sophistiquée est créée grâce à 16 boucles de fil mémoire sur lesquelles on a enfilé des éclats d'aigue-marine qui ressemblent à du verre que la mer aurait adouci. Un simple pli à chaque extrémité du fil mémoire garde les perles en place. Le fil mémoire a la particularité de conserver sa forme. Le bracelet peut donc être enroulé autour du poignet ou sur lui-même. Variez le nombre de boucles selon votre désir, afin de créer un bracelet plus long ou plus court.

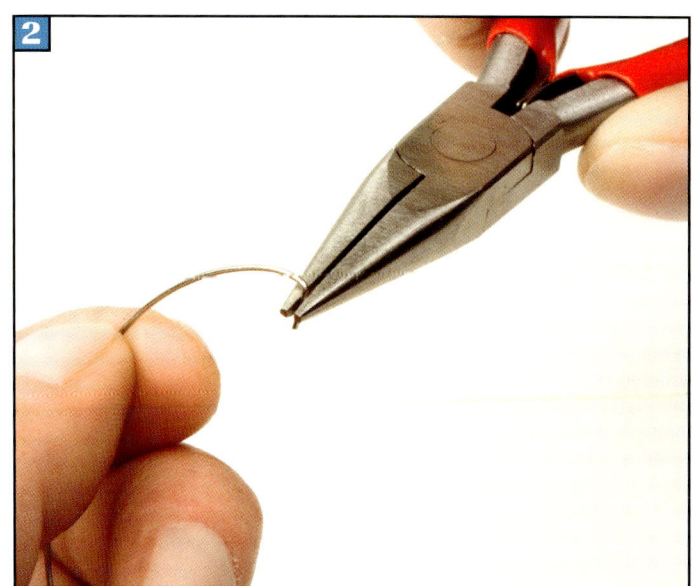

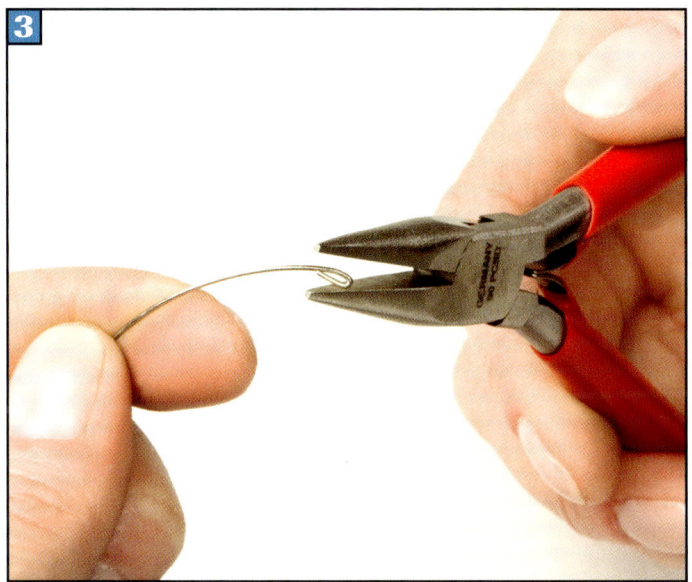

1. Mesurez 16 boucles complètes de fil mémoire et coupez à cette longueur. Adoucissez les extrémités coupées avec la toile d'émeri.

2. À l'aide du bout de la pince à chaîne, repliez le fil à ⅛ po de l'extrémité.

3. Utilisez une portion plus large des mâchoires de la pince pour écraser l'extrémité.

Les éclats de verre de mer captent la lumière sous différents angles pour faire briller et scintiller le bracelet.

VARIATION : OCÉAN

Matériaux

- 11 perles rondes de verre, turquoise, 8 mm
- 1 perle ronde de verre, vert, 8 mm
- 50 perles rondes de verre facetté, blanc translucide, 6 mm
- 1 paquet de cubes de cristal d'Autriche, vert feuille, 6 mm (36 par paquet)
- 1 paquet de cubes de cristal d'Autriche, turquoise, 4 mm (72 par paquet)
- 2 paquets de perles de cristal d'Autriche à bouts coniques, bleu sarcelle, 3 mm (144 par paquet)
- 1 paquet de perles de cristal d'Autriche à bouts coniques, turquoise, 3 mm (144 par paquet)
- 1 paquet de perles de cristal d'Autriche à bouts coniques, vert mousse, 3 mm (144 par paquet)
- 4 paquets de rondelles de cristal d'Autriche, bleu pâle, 3 mm de diamètre x 4 mm de longueur (72 par paquet)
- 3 paquets de rondelles de cristal d'Autriche, vert feuille, 3 mm de diamètre x 4 mm de longueur (72 par paquet)
- 1 paquet de rondelles de cristal d'Autriche, blanc translucide, 3 mm de diamètre x 4 mm de longueur (72 par paquet)
- Fil mémoire, argent brillant, pour gros bracelets, 19 boucles minimum
- Ciment pour perles

Le bleu cobalt et l'or s'agencent merveilleusement bien. Vous pouvez aussi mélanger des perles opaques et transparentes pour ajouter de la texture.

Dix-neuf boucles de scintillants cristaux autrichiens dans des couleurs océaniques créent un magnifique bracelet-manchette. Enfilées aléatoirement, les perles donnent à chaque tour sa propre couleur qui se mêle harmonieusement aux autres teintes et types de perles. La plupart des rangs sont enfilés de perles à bouts coniques et de rondelles. Des plus gros cubes et des perles rondes apparaissent sporadiquement. L'idée de départ était de créer une manchette qui donnerait l'impression qu'on a collé ensemble dix-neuf bracelets joncs distincts. Ce bracelet diffère du modèle Verre de mer puisqu'il contient de grosses perles aux deux extrémités. Une fois le fil plié aux extrémités, ajoutez une goutte de colle et insérez sur chaque bout une perle ronde de 8 mm. Laissez la colle sécher.

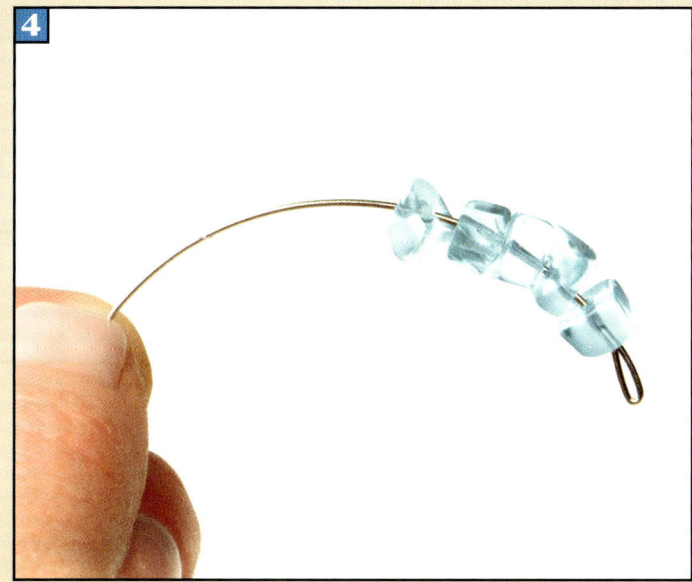

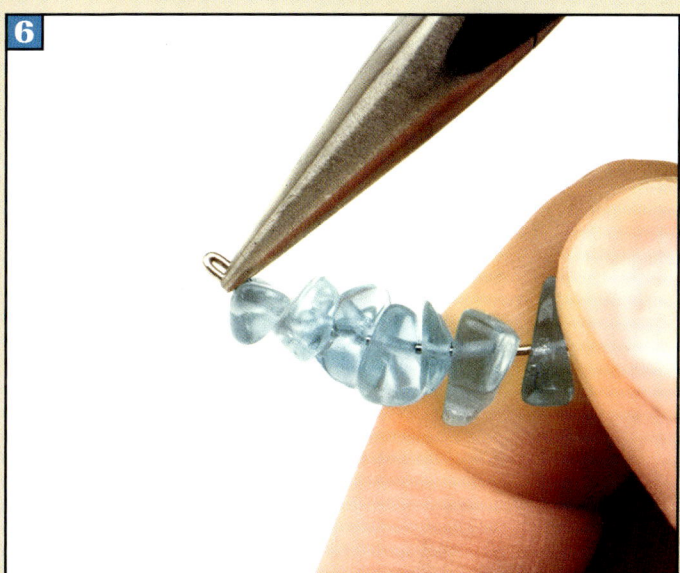

4. Passez l'extrémité opposée du fil dans un éclat. Faites glisser l'éclat tout le long du fil jusqu'à l'extrémité pliée. Continuez d'ajouter des éclats jusqu'à ce que le fil soit entièrement recouvert de perles. Laissez environ 1 po de fil sans perle à la fin.

5. Utilisez la pointe de la pince pour mesurer une distance d'environ 1/8 de po du dernier éclat. Puis, à l'aide du coupe-fil mémoire, mesurez un autre 1/8 po. Coupez l'excédent de fil.

6. Utilisez la pince à chaîne pour replier l'extrémité du fil et l'écraser, comme aux étapes 2 et 3.

ASTUCE
Pour éviter que le fil s'emmêle, faites glisser environ 10 éclats et tournez les boucles de fil vers vous ou en les éloignant de vous jusqu'à ce que tous les éclats aient atteint l'extrémité du fil.

Ruisseau argenté

Matériaux
- 1 perle de quartz crevassé et ovale, transparent, 2,3 cm de largeur x 3,5 cm de longueur
- Chaîne à maillons de 7 po, argent, calibre 20, fil demi-rond, 2 mm de largeur x 3 mm de longueur
- 2 barrettes, pour 3 rangs, argent, 12 mm longueur
- 2 disques, argent sterling, 6 mm de largeur x 3 mm d'épaisseur
- 1 épingle, argent sterling, calibre 18, 7 cm de longueur, avec une tête de 3 mm
- 1 bélière, argent sterling, calibre 16, 8 mm de diamètre
- 2 bélières, argent sterling, calibre 16, 7 mm de diamètre
- 7 bélières, argent sterling, calibre 16, 6 mm de diamètre
- 1 fermoir en pince de homard, argent sterling, 8 mm de largeur x 16 mm de longueur

Outils
- Règle
- Coupe-fil
- Pince à chaîne
- Pince à bec coudé
- Pince à bec rond
- Toile d'émeri

Techniques
- Comment ouvrir et refermer une bélière, p. 122
- Comment créer un anneau de fil enroulé, p. 120

Cette création en chaîne argent présente 12 chaînes délicates à petits maillons rassemblées grâce à un fermoir à barrette. La pièce de résistance de ce bracelet est la breloque de cristal de roche crevassé que l'on a fixé à l'aide d'une épingle droite et mis en valeur avec des disques argent à chaque extrémité. La breloque est ensuite attachée au bracelet à l'aide d'un anneau de fil enroulé. Tous les éléments de ce design créent un bracelet aussi élégant que sophistiqué.

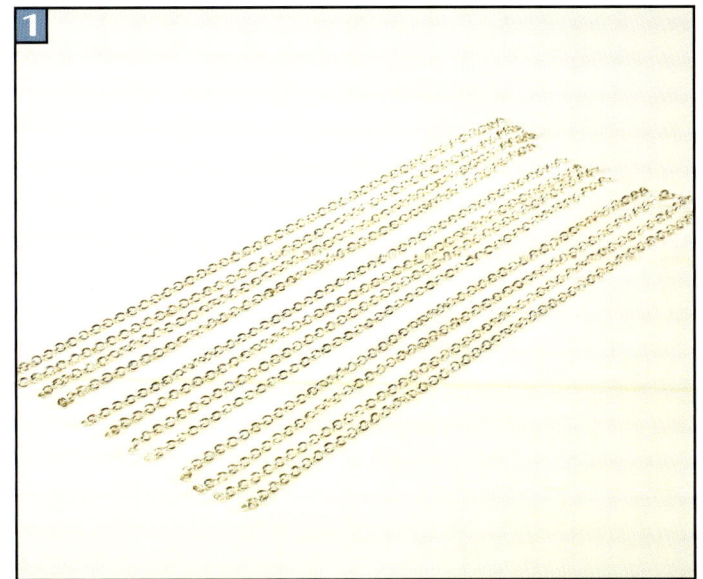

1. À l'aide du coupe-fil, coupez 12 longueurs de la chaîne de 12 po. Regroupez les chaînes en trois ensembles de quatre.

2. Passez un ensemble de quatre chaînes dans une bélière de 6 mm.

3. À l'aide de la pince à chaîne et de la pince à bec coudé, fixez la bélière à un trou extérieur d'une barrette. Utilisez une deuxième bélière de 6 mm pour attacher les autres extrémités des quatre chaînes au trou extérieur correspondant de l'autre extrémité de la barrette.

ASTUCE

Lorsque vous coupez la chaîne, travaillez sur une surface plane et utilisez une règle. Ainsi, chaque morceau de chaîne aura la même longueur.

Les délicates chaînes en argent sont mises en valeur grâce à un cristal de roche surdimensionné qui ajoute une touche contemporaine au bracelet.

VARIATION : SOUVENIR

Matériaux
- 5 pierres polies, environ 2 mm x 2 mm :
  - 1 carré vert pâle
  - 1 perle ronde et transparente
  - 1 pépite lavande
  - 1 pépite bleu des mers
  - 1 pépite verte
- Maillon de chaîne plat de 2 po, or, 6 mm de largeur x 8 mm de longueur
- 2 barrettes, pour 3 rangs, or, 18 mm longueur
- 10 perles rondes, or, 4 mm
- 5 épingles, or, calibre 20, 2 po de longueur, tête de 1 mm de diamètre
- 4 bélières, or, calibre 16, 8 mm de diamètre
- 6 bélières, or, calibre 16, 6 mm de diamètre
- 2 bélières, or, calibre 16, 5 mm de diamètre
- 1 fermoir en pince de homard, or, 8 mm de largeur x 14 mm de longueur

ASTUCE
Pour créer un look différent, enfilez plusieurs petites perles sur chaque épingle. Vous pouvez aussi essayer d'attacher les breloques tout autour du bracelet en créant des anneaux avec l'extrémité des épingles et en les fixant au bracelet avec des bélières.

Ce bracelet, suffisamment trompeur pour qu'on lui confère le rang de bijou de famille, est fait de trois grandes chaînes en or aux maillons originaux qu'on a rassemblées grâce à des barrettes. Les breloques sont des pierres polies de différentes couleurs et formes. Chaque pierre est placée sur une épingle dorée sur laquelle on ajoute à chaque extrémité une petite perle dorée. L'épingle est ensuite repliée pour former un anneau, puis les cinq pierres sont attachées au bracelet à l'aide d'une bélière.

4. Répétez les étapes 2 et 3 pour fixer les autres ensembles de chaînes.

5. Enfilez une bélière de 7 mm dans le trou supérieur d'une barrette et dans le fermoir en pince de homard. Fermez la bélière à l'aide de deux pinces.

6. Suivez les instructions de la page 120 pour créer une breloque de quartz fixée à l'aide d'un anneau de fil enroulé. Fixez une bélière de 6 mm au trou supérieur de la deuxième barrette. Fixez une bélière de 7 mm à la bélière de 6 mm. Passez ensuite la bélière de 8 mm dans la boucle de la breloque et dans la bélière de 7 mm. Fermez la bélière.

Pour un look différent, utilisez des chaînes en or, ainsi que les attaches et les fermoirs. Accentuez le bracelet avec une grosse breloque dorée ou plusieurs pépites dorées.

Paris Café

Des perles rose bébé et polies, et des rondelles bleu pâle et facettées créent une toile de fond pastel aux pépites de couleur framboise et aux perles en verre soufflé. Chacune ajoute motif et texture au bracelet.

Rappelant les couleurs associées à Marie-Antoinette, les perles sont suspendues à des anneaux réalisés à l'aide des épingles et regroupées aléatoirement.

Matériaux
- 10 pépites opaques en forme de fève, framboise, 14 mm de largeur x 20 mm de longueur x 10 mm d'épaisseur
- 12 rondelles opaques et facettées, bleu pâle, 18 mm de diamètre x 11 mm de longueur
- 22 perles rondes et opaques, rose, 16 mm
- 8 perles en verre soufflé, turquoise, jaune, brun et blanc, 14 mm de diamètre
- 40 perles ovales, opaques et facettées, turquoise, 4 mm de largeur x 5 mm de longueur x 3 mm d'épaisseur
- 74 disques, argent sterling, 1 mm de diamètre à 1,5 mm de diamètre
- 2 bélières, argent sterling, calibre 12, 8 mm de diamètre
- 1 fermoir à anneau à ressort, argent sterling, 16 mm de diamètre
- Chaîne de 7 po, argent sterling, maillons de 5 mm de diamètre
- 52 épingles, argent sterling, 4 cm de longueur

Outils
- Pince à chaîne
- Pince à bec coudé
- Pince à bec rond
- Coupe-fil

Techniques
- Comment créer un anneau de fil enroulé, p. 120

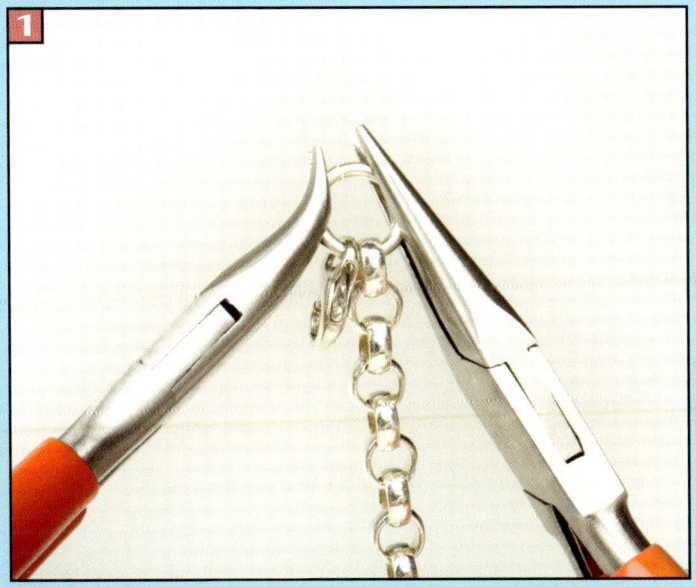
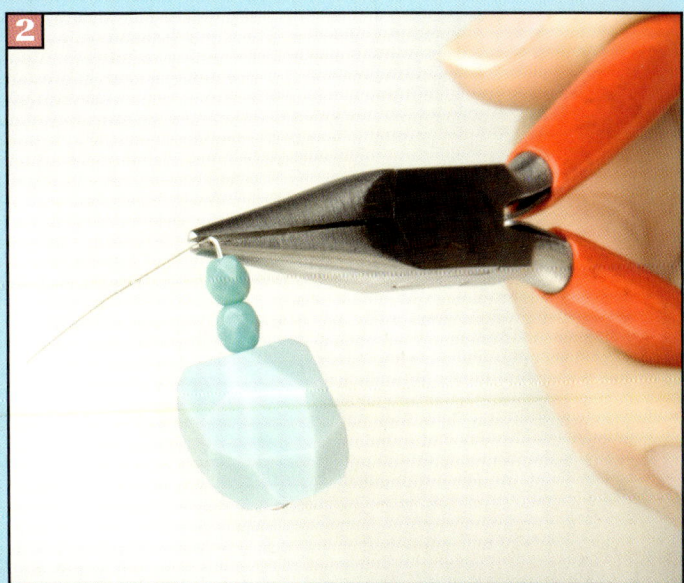
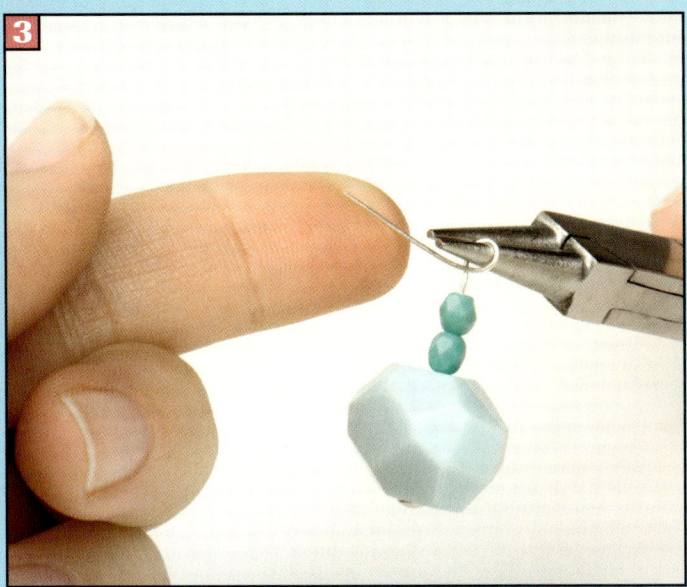

1. Ouvrez deux bélières. À l'aide de la pince à chaîne, de la pince à bec coudé et d'une bélière, fixez le fermoir à un maillon à l'extrémité de la chaîne. Fermez la bélière. Fixez la deuxième bélière au maillon à l'extrémité de l'autre bout de la chaîne. Fermez la bélière et laissez le bracelet de côté.

2. Insérez une épingle dans une pépite bleue et dans deux perles ovales, bleu turquoise. Pour réaliser l'anneau de fil enroulé, utilisez la pince à chaîne pour saisir l'aiguille, ⅛ po au-dessus de la dernière perle. Tenez les perles avec l'autre main et tournez la pince pour replier la tige de l'épingle à 90°.

3. À l'aide de la pince à bec coudé, saisissez l'aiguille au niveau du pli. Utilisez vos doigts pour replier la tige de l'épingle autour de la mâchoire de la pince et croisez à l'avant de la tige pour former un anneau.

4. Insérez l'extrémité de l'épingle dans le deuxième maillon de la chaîne, tout juste après la bélière, comme sur l'illustration.

VARIATION : GRÊLE BLANCHE

Idéal en toute saison, ce bracelet monochrome de perles blanches et polies rappelle un blizzard. Il s'agencera aussi bien aux blancs de l'hiver qu'à la lumière de l'été. Ce bracelet est créé exactement de la même façon que le modèle Paris Café. Commencez par relier deux perles à tous les deux maillons de la chaîne. Continuez à ajouter des perles, selon le style que vous souhaitez donner au bracelet, pour créer des grappes plus denses. Les perles du bracelet illustré sont plus densément concentrées au milieu.

Pratiquez-vous tout d'abord à créer des anneaux avec du fil souple plus abordable, pour maîtriser la technique, avant d'utiliser les épingles pour créer des anneaux et fixer les perles de ce bracelet.

Matériaux
- 100 perles rondes, blanc marbré, 10 mm
- 2 bélières, argent sterling, calibre 12, 8 mm de diamètre
- 1 fermoir à anneau à ressort, argent sterling, 16 mm de diamètre
- Chaîne de 7 po, argent sterling, maillons de 5 mm de diamètre
- 100 épingles, argent sterling, 3 cm de longueur

5. Saisissez l'anneau avec la pince à bec plat et utilisez vos doigts ou la pince à bec coudé, au besoin, pour enrouler l'extrémité de l'épingle trois fois autour de la tige en partant de l'anneau et en descendant vers la première perle.

6. À l'aide du coupe-fil, coupez l'excédent. Utilisez la pince pour coller l'extrémité coupée à la tige.

7. Répétez les étapes 2 à 6 pour fixer les éléments suivants à la chaîne : une perle rose entre deux disques argent ; une perle en verre soufflé entre deux perles ovales, bleu turquoise ; et une pépite framboise entre deux disques argent.

Note : Les perles additionnelles réduiront le mouvement des autres perles.

8. Continuez de fixer les perles aux maillons de la chaîne en les répartissant aléatoirement ou selon l'ordre de votre choix.

9. *Facultatif :* Pour créer un look plus imposant, doublez le nombre de perles et fixez deux perles à tous les deux maillons.

Bagues

Cosmopolite

Manhattan

Étreinte d'étoile

Cube de glace

Bombette

Feu d'artifice

Sur glace

Trio

En fleurs

Rock & Blues

Cosmopolite

Matériaux
- 1 pendentif de fausse tourmaline, rose, 12 mm de largeur x 16 mm de longueur x 8 mm d'épaisseur
- 30 perles rondes, argent sterling au fini laser, 4 mm
- Fil argent, calibre 22

Outils
- Coupe-fil
- Pince à chaîne
- Règle
- Pince à bec rond
- Lime à métal

L'énorme tourmaline rose, taillée en émeraude, est l'intérêt principal de la bague Cosmo, créée à l'aide d'un pendentif étincelant. Tout ce que vous avez à faire, c'est d'enlever la portion anneau du pendentif et d'utiliser le « joyau » pour créer cette magnifique bague. Ensuite, fixez la monture de la pierre à une bande créée de deux rangs de perles argent, enfilées sur un fil métallique. Cette bague sexy est parfaite comme bague fantaisie. De plus, vous pouvez la réaliser de la taille que vous voulez.

  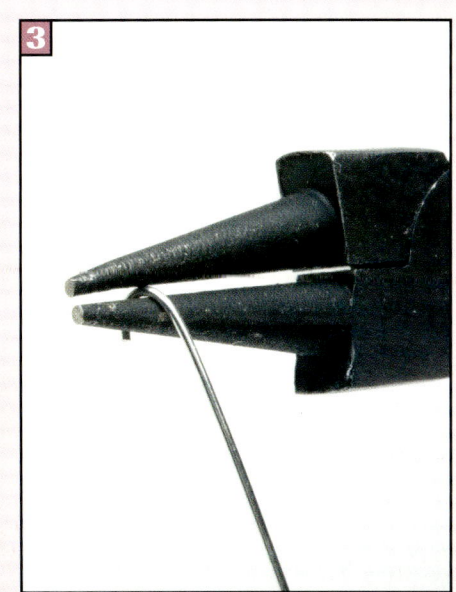

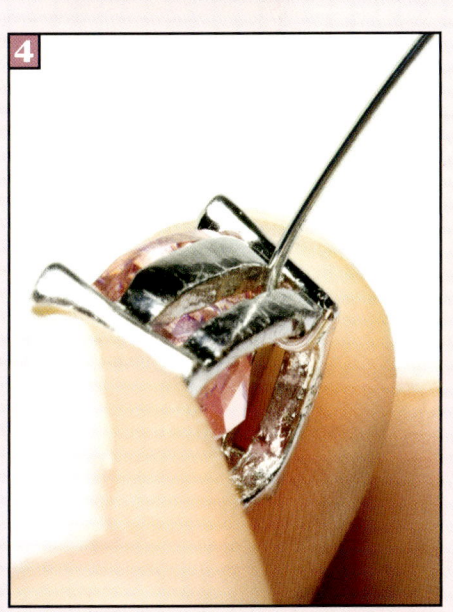 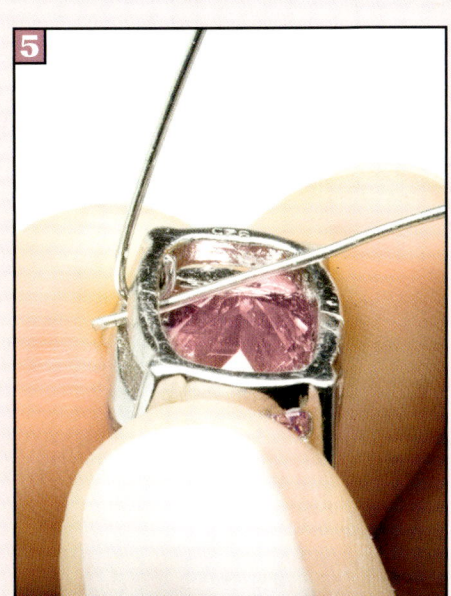 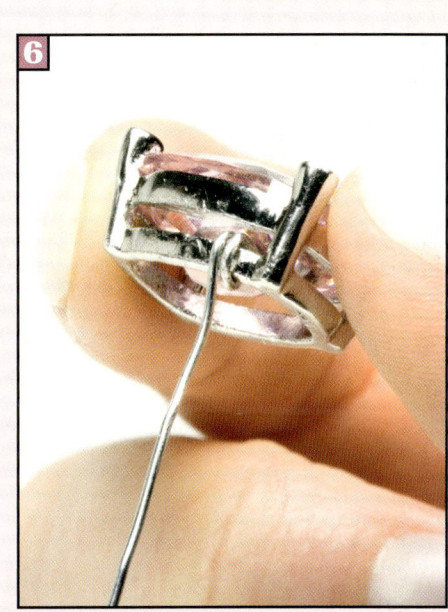

1. Utilisez le coupe-fil et la pince à chaîne pour retirer l'anneau du pendentif.

2. À l'aide du coupe-fil, coupez deux fils de 6 po de longueur.

3. À l'aide de la pince à bec rond, repliez une extrémité du fil pour former un crochet.

4. Accrochez le fil à la monture du pendentif.

5. Enfilez l'extrémité du fil dans la monture. À l'aide de la pince à chaîne, retenez l'extrémité à crochet en place et, en même temps, tirez le fil pour le tendre.

6. Répétez l'étape 5 et enroulez le fil autour de la monture une deuxième fois.

VARIATION : MANHATTAN

Créée grâce à un pendentif carré de faux saphir bleu sur monture argent, la bague Manhattan est la bague fantaisie parfaite. On peut la réaliser à la taille souhaitée. La pierre est plus petite que celle de la bague Cosmopolite, un seul rang est donc nécessaire. Pour créer le rang, enfilez en alternance des petites perles et plus grosses perles brillantes de couleur argent sur le fil, puis fixez-le à la monture.

ASTUCE
Nous avons trouvé notre inspiration dans les pendentifs de colliers… La vôtre proviendra peut-être d'autres types de pierres qui ont le potentiel pour devenir des bagues incroyables.

Rien n'arrive à la cheville de l'impression créée par une bague fantaisie ornée d'une pierre surdimensionnée taillée en émeraude. Si vous préférez une pierre qui ressemble à un diamant jaune canari, choisissez une citrine taillée en émeraude.

Matériaux
- 1 pendentif de faux saphir, bleu pâle, 1 cm de largeur x 1 cm de longueur x 8 mm d'épaisseur
- 9 perles rondes, argent sterling, 2 mm
- 8 perles rondes, argent sterling, 4 mm
- Fil argent, calibre 22

7. Enfilez 15 perles sur le fil.

8. Enroulez le fil autour d'un doigt pour le recourber, puis ajustez avec une pince à chaîne, au besoin.

9. Enfilez l'extrémité du fil dans la monture, de l'autre côté.

10. Enroulez le fil autour de la monture.

11. Enroulez le fil une seconde fois. À l'aide du coupe-fil, coupez l'excédent de fil.

12. Utilisez une lime à métal pour adoucir les extrémités coupées.

13. Répétez les étapes 3 à 12 pour créer le deuxième rang de perles.

Étreinte d'étoile

Matériaux
- 1 anneau en argent avec incrustations de turquoise et de nacre
- 1 pierre facettée, turquoise, 14 mm de largeur x 18 mm de longueur x 5 mm d'épaisseur
- Fil argent, calibre 24

Outils
- Règle
- Coupe-fil
- Pince à chaîne
- Ciment pour cristal
- Lime à métal

Un anneau en argent sterling, avec des motifs triangulaires de turquoise et de nacre incrustées, est une base idéale pour cette pierre facettée de turquoise. Trouvée dans un magasin d'aubaines, l'anneau a été l'inspiration de cette bague. La pierre est attachée à l'anneau à l'aide d'une goutte de colle et de fil. Le fil a deux fonctions : il contribue à fixer la bague et à l'orner, car il est bien enroulé autour de la pierre pour créer un motif en triangle semblable à celui de l'anneau.

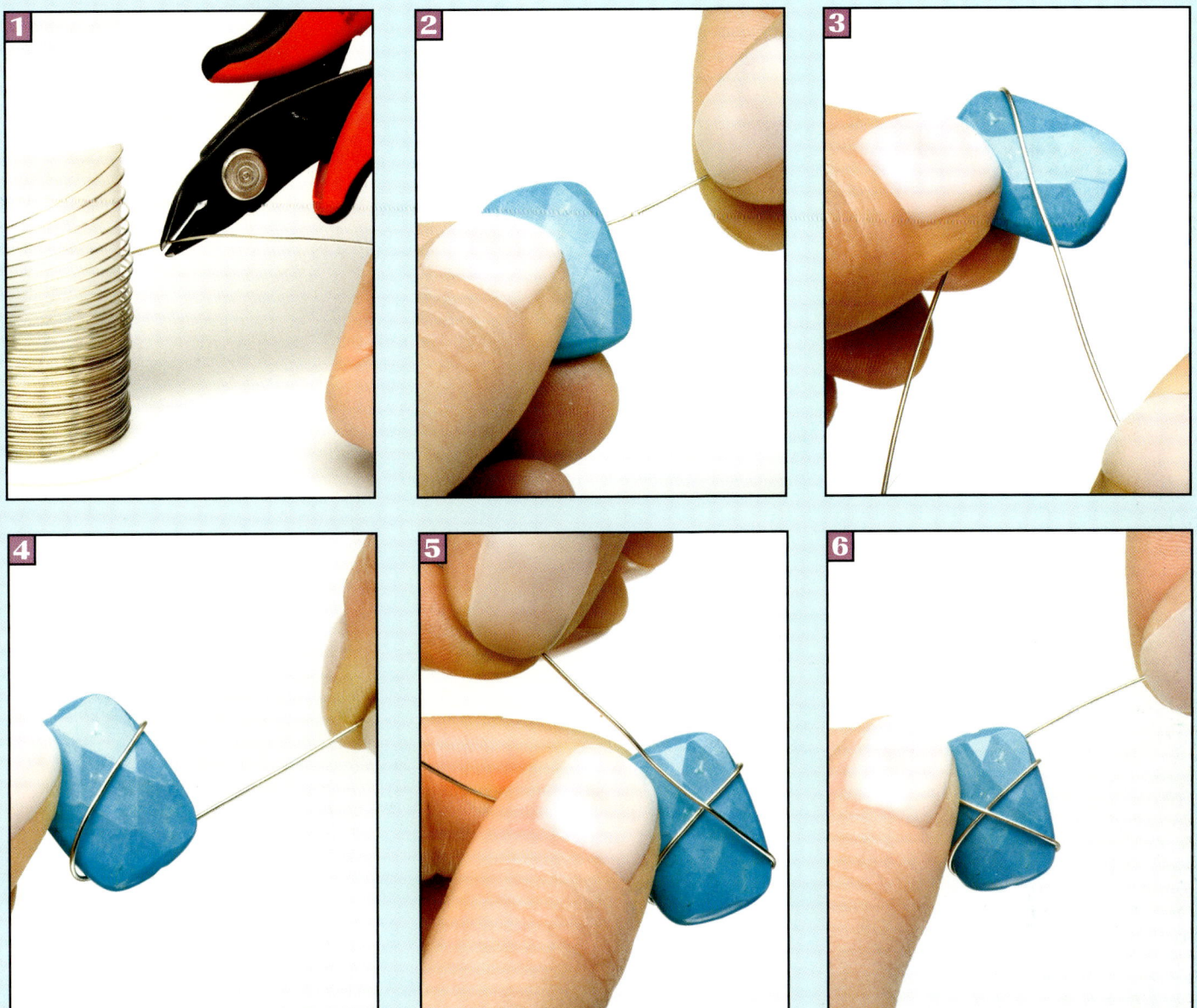

1. À l'aide du coupe-fil, coupez un fil de 8 po de longueur.

2. Positionnez le dos de la pierre à la verticale, au centre du fil. Placez le fil à environ 4 mm du haut de la pierre.

3. Tenez le fil au dos de la pierre avec la main gauche. Enroulez l'extrémité qui dépasse à la droite en diagonale, sur le devant de la pierre jusqu'à environ 4 mm du bas de la pierre.

4. Enroulez la même extrémité derrière la pierre et à la droite, à environ 4 mm du bas de la pierre.

5. Enroulez la même extrémité sur le devant de la pierre, en diagonale, en croisant le premier fil, jusqu'à environ 4 mm du haut de la pierre.

6. Enroulez la même extrémité derrière la pierre.

VARIATION : CUBE DE GLACE

Matériaux
- 1 anneau, argent, avec un petit disque pour monter une pierre
- 1 pépite de cristal givré et facetté, 2 cm de largeur x 2,5 cm de longueur x 1,5 cm d'épaisseur
- Fil argent, calibre 24

ASTUCE
Les fils métalliques sont disponibles en un nombre incalculable de formes, ce qui ouvre un monde de possibilités pour la création de bijoux enveloppés. Rechercher des fils ronds, demi-ronds ou triangulaires pour alimenter votre inspiration.

Peu de choses sont plus attrayantes qu'une belle grosse pierre. Les modèles Étreinte d'étoile et Cube de glace vous permettent de posséder cette pierre si convoitée.

Une pépite de cristal blanc et givré, enroulée dans plusieurs tours de fil et montée sur un anneau en argent forme la bague Cube de glace. Collez la pépite à l'anneau, puis fixez-la en enroulant le fil dans tous les sens. Utilisez une pince à chaîne pour positionner le fil sur la pépite. Torsadez les extrémités de fil autour de l'anneau, coupez l'excédent de fil et adoucissez les extrémités coupées avec la lime.

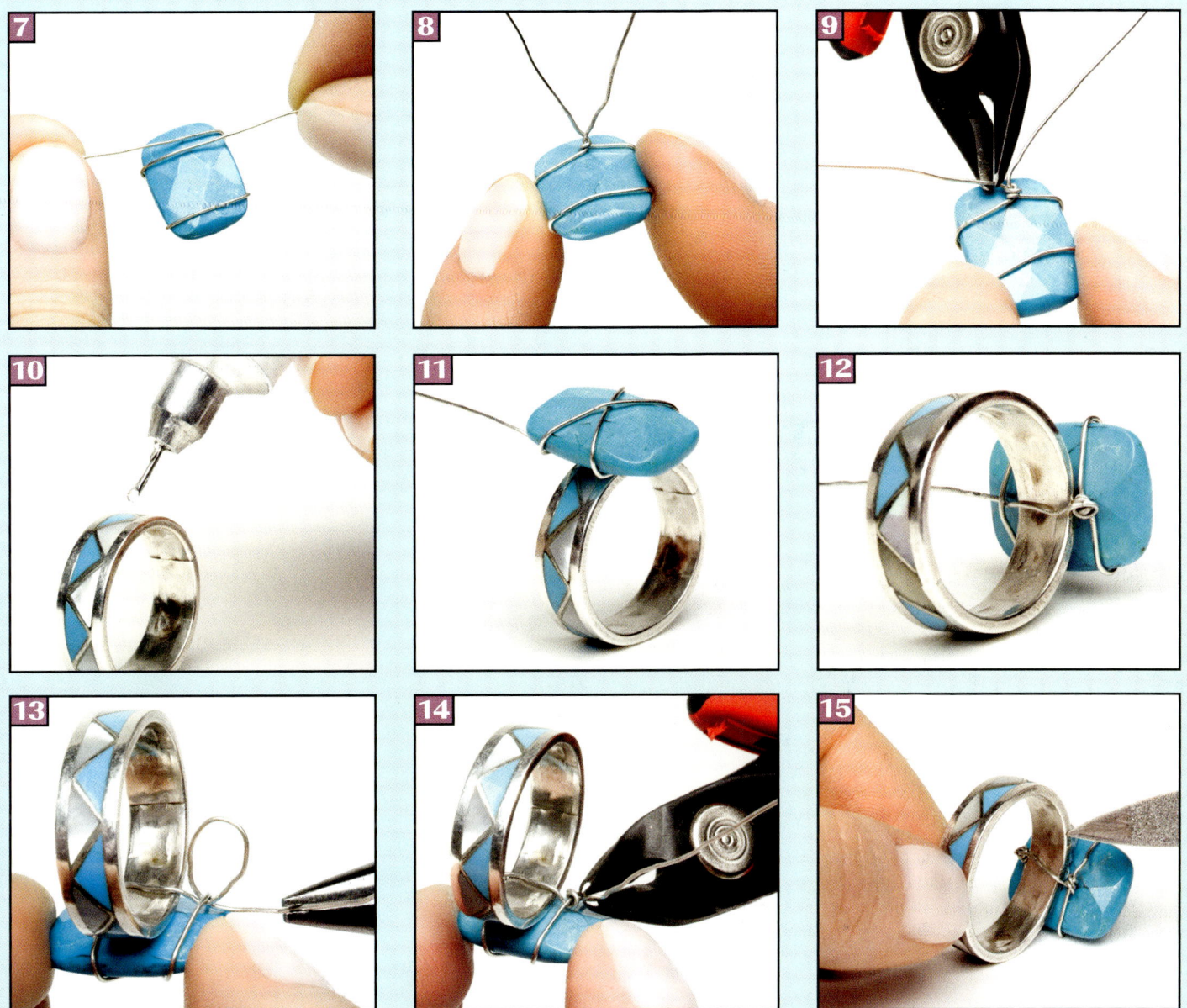

7. Le dos de la pierre devrait être comme sur la photo.

8. Rapprochez les deux extrémités du fil et croisez-les, l'une sur l'autre.

9. Coupez l'extrémité la plus courte. Utilisez une pince à chaîne pour plier l'extrémité sur le fil croisé.

10. Appliquez une goutte de colle sur la portion supérieure de l'anneau.

11. Placez le dos de la pierre en la centrant sur la colle et passez l'extrémité du fil au centre de la bague.

12. Enfilez l'extrémité sous l'enveloppage de fil au dos de la pierre.

13. Utilisez une pince à chaîne pour passer l'extrémité sous l'enveloppage de fil, puis fixez-la.

14. Coupez l'excédent de fil.

15. Utilisez la lime pour lisser les extrémités coupées.

Bombette

Matériaux
- 1 anneau de bague en or avec 14 petits anneaux, 15 mm de largeur x 18 mm de longueur
- 17 perles rondes, rouge ou jade, 10 mm
- Corde de transite

Outils
- Règle
- Coupe-fil
- Ciment pour cristal

Techniques
- Comment réaliser un nœud simple et un nœud double, p. 124

Les perles rouges et polies, aussi nombreuses que possible, sont utilisées pour créer cette bague surdimensionnée et joyeuse appelée Bombette. Les perles sont de jade teint et sont regroupées en une grosse grappe sur un anneau doré. L'anneau est doté de trois rangées de petits anneaux de métal pour le montage des perles. La corde de transite est utilisée pour fixer les perles aux petits anneaux de la bague.

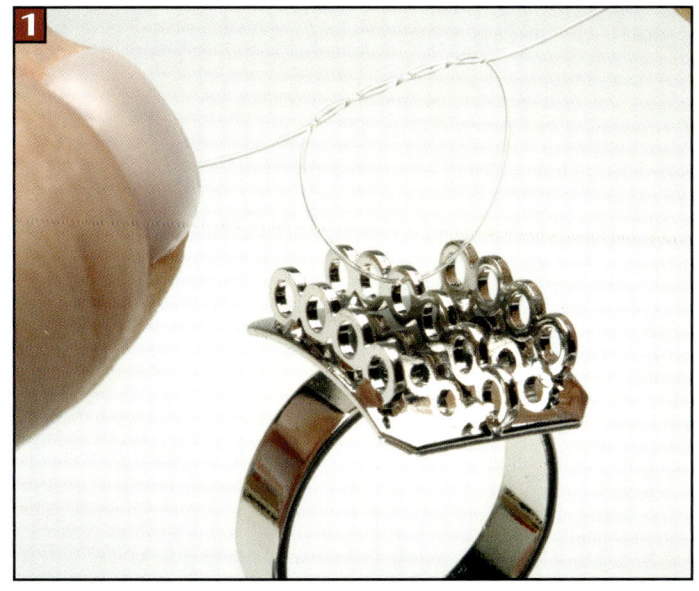

1. À l'aide du coupe-fil, coupez une longueur de corde de transite de 18 po. Enfilez une extrémité de la corde dans l'anneau central de la bague et nouez un nœud d'arrêt double.

2. Fixez le nœud avec une goutte de colle. À l'aide du coupe-fil, coupez l'extrémité la plus courte du fil.

3. Enfilez une perle.

4. Enfilez l'extrémité du fil dans l'anneau adjacent. Ajustez la perle pour que ses trous soient parallèles à l'anneau de la bague.

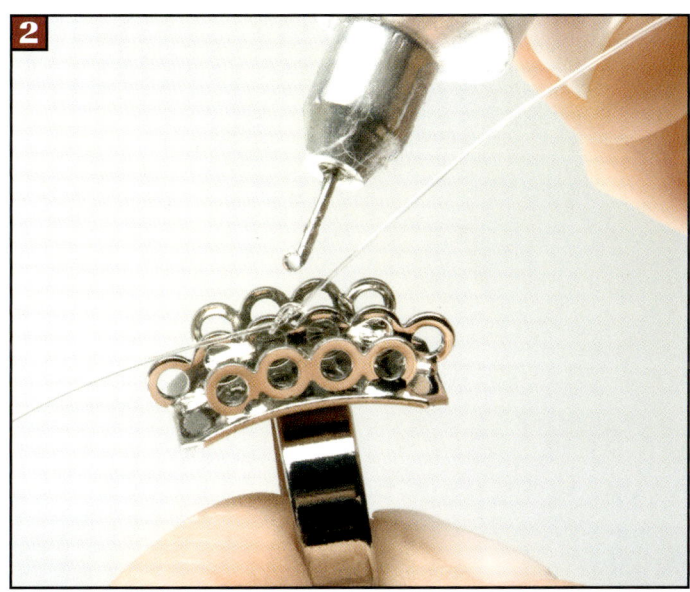

ASTUCE
Pour un look différent, essayez des perles plus petites mais de couleurs variées, ou des perles facettées qui capteront la lumière.

VARIATION : FEU D'ARTIFICE

Matériaux
- 1 anneau de bague en or avec 14 petits anneaux, 15 mm de largeur x 18 mm de longueur
- 1 pendentif en fausse améthyste, violet, 1,2 cm carré
- 50 perles rondes (approximativement), orange marbré, 8 mm
- 30 perles de cristal autrichien à bouts coniques, orange, 3 mm de diamètre
- 20 perles de cristal autrichien à bouts coniques, orange pâle, 6 mm de diamètre
- 1 paquet de petites perles transparentes, taille 11
- 30 épingles, or, 3 cm de longueur
- Fil, or, calibre 20

Outils
- Pince à chaîne
- Pince à bec rond

ASTUCE
Une alternative à la fixation des épingles perlées directement aux anneaux de la bague consiste à fixer un groupe d'épingles à une bélière, puis à fixer la bélière à l'anneau.

Des étincelles de perles orange semblent surgir du centre en fausse améthyste de cette bague Feu d'artifice. Cette pièce de musée unique est créée avec la même bague que le modèle Bombette. Le pendentif est attaché au centre de la bague à l'aide d'un fil que l'on passe dans les anneaux pour le fixer. Enfilez les perles sur les épingles et combinez des perles orange marbré, des perles à bouts coniques orange pâle et foncé, et de petites perles transparentes. Enfilez d'abord les plus petites perles sur l'épingle, puis augmentez la taille des perles. Suivez les instructions du modèle Paris café pour créer des anneaux en fil enroulé, puis attachez-les directement aux anneaux de la bague. Ajoutez des épingles jusqu'à ce qu'il n'y ait plus de place sur la bague.

5. Nouez un deuxième nœud d'arrêt double et fixez-le à l'aide d'une goutte de colle.

6. Répétez les étapes 3 à 5 pour enfiler les autres perles. Continuez d'ajuster les perles pour remplir les trous et recouvrir les côtés de la bague. Terminez en nouant un nœud d'arrêt double, puis fixez-le à l'aide d'une goutte de colle et coupez l'excédent de fil.

Cette bague rondelette est créée grâce à une technique qui peut varier. Parce que les perles sont fixées aux anneaux de la bague, une à la fois, vous pouvez enfiler des perles de différentes tailles et vérifier l'agencement au fur et à mesure que vous progressez dans l'enfilage.

Sur glace

Matériaux
- 1 bague large (2 mm à 6 mm de largeur), argent sterling, montée d'un zircon taillé en émeraude
- 1 paquet (200 morceaux) de pierres Swarovski, cristal, taille SS-5, 2 mm de diamètre

Outils
- Colle époxy 5 minutes à deux bouteilles
- Retaille de carton
- Cure-dent
- Pince à épiler

Cette bague en argent sterling ornée d'un imposant zircon carré fut une de nos plus belles trouvailles dans un magasin d'aubaines. La bague en argent était suffisamment large pour recevoir deux rangées de petites pierres de cristal imitant la sertissure en bande d'une bague en diamant. La seule technique requise pour créer cette magnifique bague est le collage (et la patience pour retrouver les pierres qui n'ont pas collé!). Ce projet est facile et agréable à réaliser. C'est une dose de glamour assurée en très peu de temps.

1. Mélangez une portion du contenu des deux bouteilles d'époxy sur la retaille de carton, conformément au mode d'emploi du fabricant. Trempez un cure-dent dans la colle et appliquez-la au dos d'une pierre du Rhin.

2. Saisissez la pierre à l'aide d'une pince à épiler et placez-la sur l'anneau de la bague.

ASTUCE
Après avoir essayé plusieurs types de colles, dont le ciment à cristal et la colle en gel à base de cyanoacrylate, j'ai découvert que la colle époxy était celle qui fonctionnait le mieux. Ça valait le coup d'essayer et ainsi de s'assurer que les pierres soient fixées de façon permanente.

Il y a beaucoup à dire sur les proportions de la bague Sur glace. Le zircon ne laisse aucun doute sur cette bague : elle existe pour être remarquée. Les pierres du Rhin ajoutent brillance et éclat.

VARIATION : TRIO

Éblouissante bague en argent sterling à trois anneaux, Trio présente un éventail de teintes de pierres du Rhin. Les anneaux extérieurs, ornés de pierres rose foncé, contrastent avec l'anneau central qui est rose pâle. La bague Trio est facile à fabriquer puisqu'il ne vous faut que de la colle. Suivez les instructions du modèle Sur glace et placez les pierres en une seule rangée sur chaque anneau.

La bague Trio tire son nom des trois délicats anneaux d'argent qui sont décorés de pierres du Rhin roses. Pour une bague qui ressemble au modèle Sur glace, utilisez des pierres de cristal.

ASTUCE
Lorsque vous choisissez une bague, assurez-vous que l'anneau est suffisamment large pour recevoir les pierres. N'oubliez pas que certaines pierres ne sont disponibles que dans certaines tailles et couleurs.

Matériaux
- 1 bague à trois anneaux, argent sterling, 2,5 mm de largeur
- 1 paquet (200 morceaux) de cristal Swarovski, rose pâle, taille SS-7, 2,2 mm de diamètre
- 1 paquet (200 morceaux) de cristal Swarovski, rose, taille SS-7, 2,2 mm de diamètre

Recherchez des bijoux de fantaisie que vous pouvez améliorer avec du strass. Pour un look plus subtil, ajoutez des pierres couleur citrine aux bagues et pendentifs de teinte dorée.

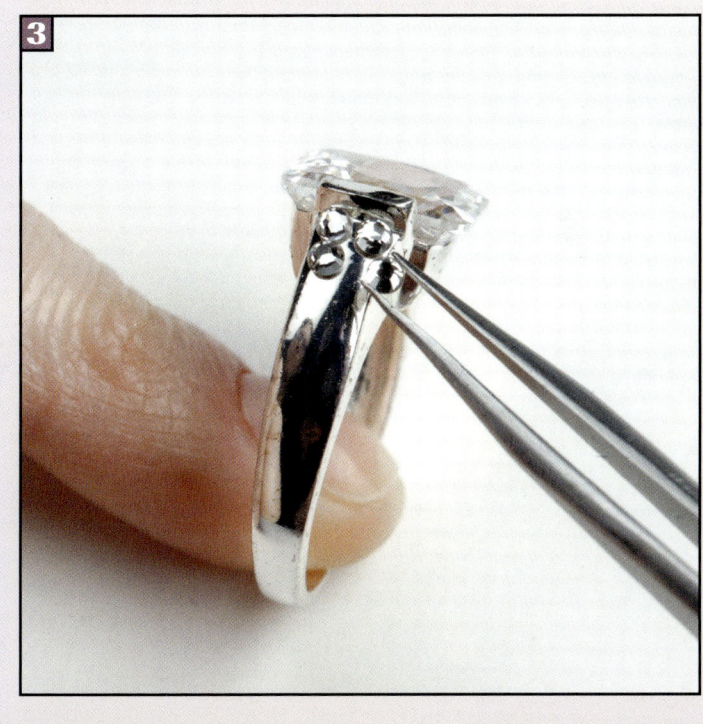

ASTUCE
La colle époxy ne sèche pas instantanément, ce qui est idéal puisque cela vous laisse le temps de replacer les pierres, au besoin. Toutefois, il est préférable de disposer toutes vos perles avant de commencer à les coller.

3. Continuez d'appliquer de la colle sur les pierres, puis placez-les en rangées le long de l'anneau de la bague. Appliquez des pierres sur toute la surface de l'anneau et sur les côtés de la bague, si vous le souhaitez.

En fleurs

Matériaux
- 1 bague en deux parties, argent, avec disque pour fixer les perles, 2 cm de diamètre
- 7 perles rondes et chatoyantes à facettes, blanc, 5 mm de diamètre
- 5 briolettes facettées de jade teint, percées par le haut, rose fuchsia, 14 mm de largeur x 16 mm de longueur x 4 mm d'épaisseur
- 5 briolettes facettées de quartz opaque, percées par le haut, bleu, 6 mm de diamètre x 10 mm d'épaisseur
- Corde de transite

Outils
- Règle
- Coupe-fil
- Ciment pour cristal
- Pince à chaîne

Techniques
- Comment réaliser un nœud simple et un nœud double, p. 124

De petites perles blanches et chatoyantes se retrouvent au centre de la fleur, alors que des briolettes bleu pâle et fuchsia forment les pétales de cette bague florale. La structure de la bague comporte deux parties. L'anneau est doté d'une plateforme à branches qui retient un disque troué et amovible. Le disque est recouvert de trous permettant de fixer les perles. Lorsque l'installation des perles est terminée, on replace le disque sur la plate-forme à branches et on le fixe en repliant les branches à l'aide d'une pince.

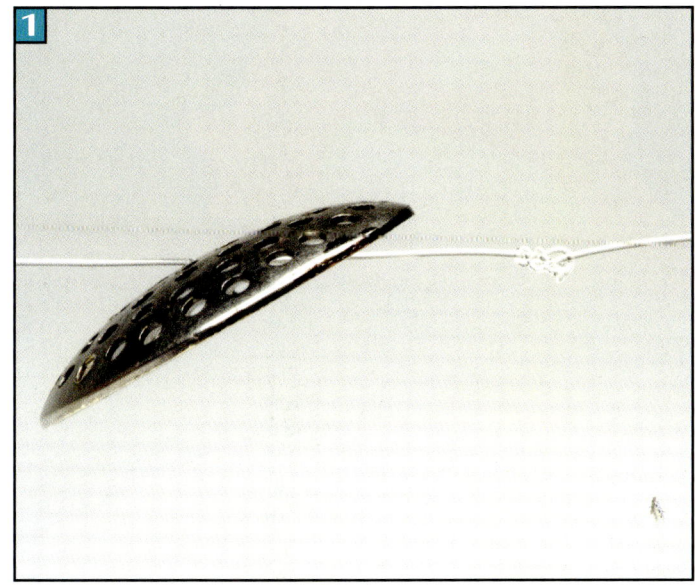

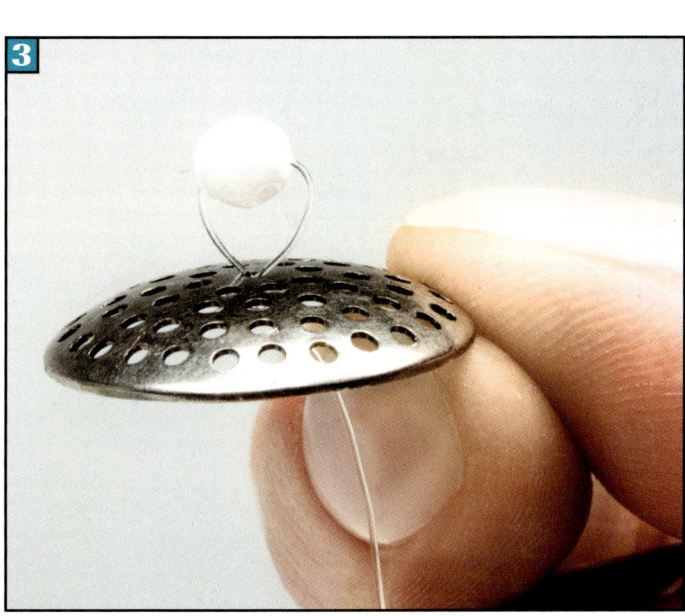

1. À l'aide du coupe-fil, coupez une longueur de corde de transite de 12 po. Faites un nœud d'arrêt double à une extrémité de la corde. Fixez le nœud à l'aide d'une goutte de colle. Enfilez l'autre extrémité au travers du disque, au centre, par le verso. Tirez le fil pour que le nœud se retrouve contre le disque.

2. Enfilez la perle blanche centrale sur le fil, au recto du disque.

3. Faites passer le fil dans un trou adjacent du disque, puis tirez pour que la perle repose contre le disque. Ajustez la perle pour que ses trous soient parallèles au disque.

4. Enfilez les six autres perles blanches, espacées autour de la perle centrale, pour terminer le centre de la fleur.

VARIATION : ROCK & BLUES

La bague utilisée pour créer le modèle Rock & Blues est légèrement différente de celle utilisée pour le modèle En fleurs. Pourtant, la même technique est utilisée pour fixer la grosse perle turquoise à son disque. Le disque de cette bague est attaché à l'anneau et est de forme concave pour recevoir une grosse perle. Suivez les étapes 2 et 3, passez le fil dans les trous du rebord du disque. Nouez l'extrémité au dos et appliquez de la colle sur le nœud. Placez la bague face vers le bas et appliquez de petites gouttes de colle sur les trous du disque. La colle s'infiltrera sous le disque, fixant ainsi la perle.

Pour créer le modèle Rock & Blues, une perle polie de couleur turquoise, dont la surface présente un réseau de veinures, est au centre de cette bague simple mais sophistiquée.

ASTUCE

Pour fixer la pierre avec la colle, après l'avoir attachée au fil, déposez la bague face vers le bas. Appliquez de petites gouttes de colle sur les trous du disque. La colle s'infiltrera sous le disque, fixant ainsi la pierre.

Matériaux

- 1 bague, argent, avec disque concave pour fixer les perles, 1,5 cm de diamètre
- 1 perle ovale, turquoise, 2,5 cm de largeur x 3 cm de longueur x 1,5 cm d'épaisseur
- Corde de transite

5. Suivez les étapes 2 et 3 et enfilez les cinq briolettes bleues, uniformément espacées, autour du disque.

6. Suivez les étapes 2 et 3 et enfilez les cinq briolettes roses, chacune entre deux briolettes bleues. Nouez un nœud d'arrêt double dans le fil, contre le dos du disque et fixez-le à l'aide d'une goutte de colle. Coupez les extrémités du fil à ⅛ po.

7. Placez le disque sur la plateforme de la bague.

8. À l'aide de la pince à chaîne, refermez les branches autour de la plateforme pour fixer le disque.

LES RUDIMENTS DU PERLAGE

Dans cette section, vous ferez un survol des principaux types de perles, outils, fils, attaches et fermoirs, et vous trouverez des informations approfondies sur plusieurs des techniques de fabrication de bijoux les plus utilisées. Vous découvrirez que plus les bases vous seront familières, plus vous deviendrez confiante, expérimentée et imaginative.

MATÉRIAUX

Perles

Il existe un nombre infini de perles sur le marché: rondelles, perles à facettes, briolettes, cubes, disques, tubes et éclats, pour ne nommer que les plus communes. De plus, chaque forme de perle est offerte en une grande variété de matières et de tailles.

Mesures

Les perles sont habituellement mesurées en millimètres (mm). Généralement, plus le chiffre est élevé, plus la perle est grosse. L'exception à cette règle concerne les petites perles dont les tailles sont indiquées par des nombres. Plus le nombre est élevé, plus la perle est petite.

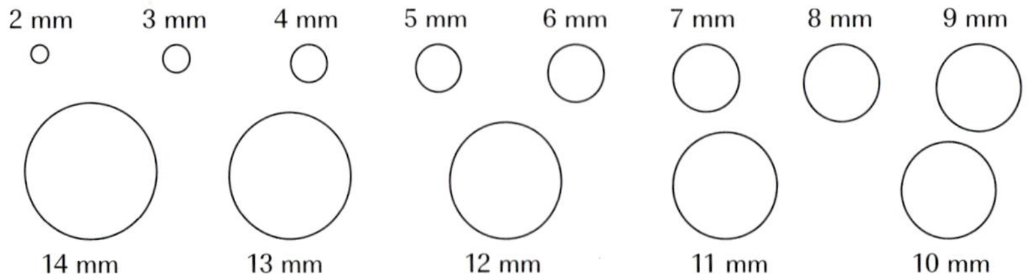

2 mm	3 mm	4 mm	5 mm	6 mm	7 mm	8 mm	9 mm
14 mm	13 mm		12 mm		11 mm		10 mm

Une petite perle de taille 5 mesure environ 5 mm, alors qu'une perle de taille 11 mesure environ 2 mm.

OUTILS

Le nombre d'outils nécessaire pour réaliser la plupart des techniques de base du perlage est étonnamment réduit. Les outils essentiels, illustrés ici, vous équipent pour réaliser tous les projets de la collection.

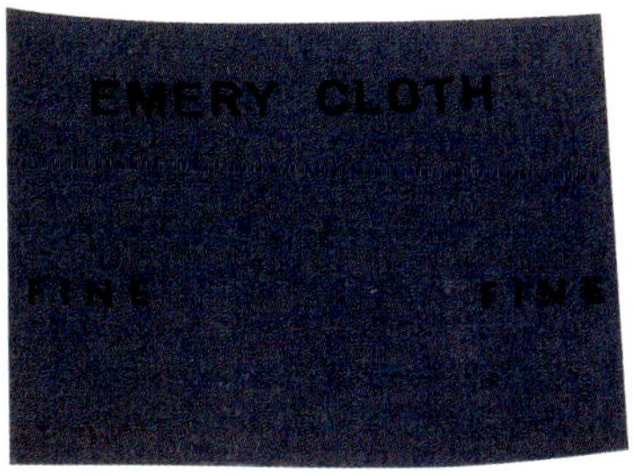

toile d'émeri

aiguilles à perler

époxy

ciment pour cristal

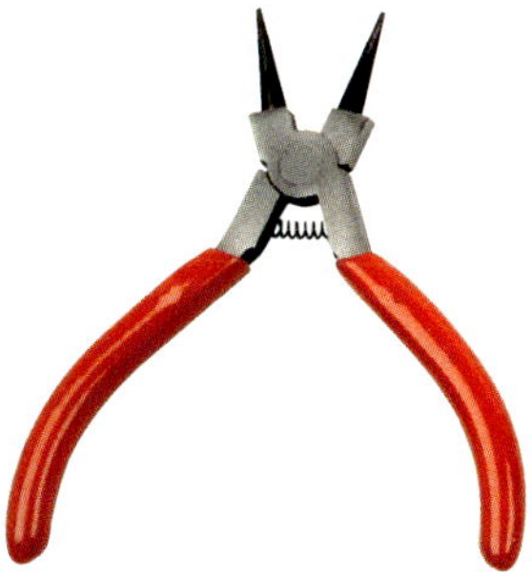

pince à bec rond

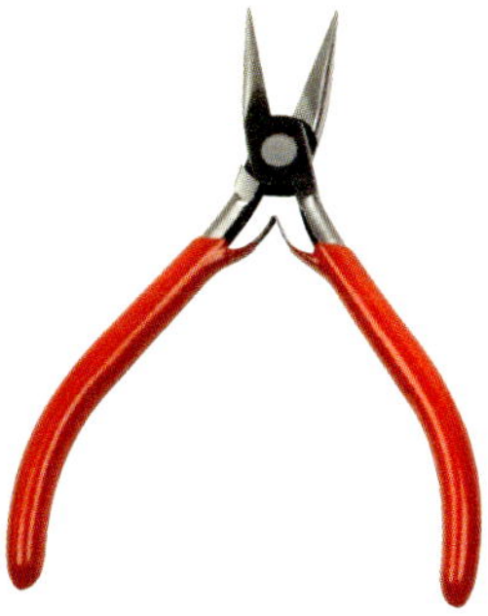

pince pour petite chaîne

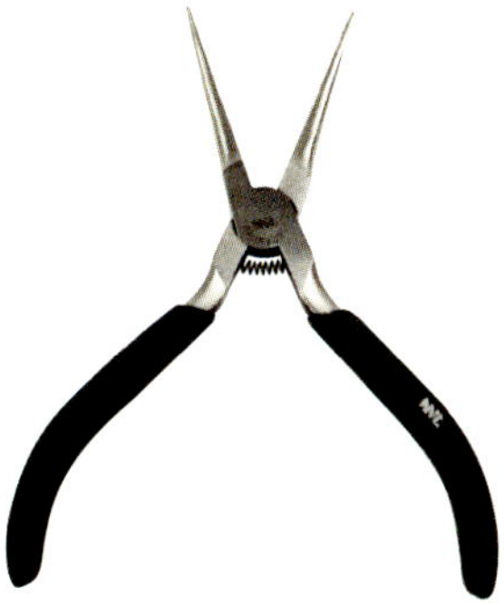

pince pour grosse chaîne

ciseaux

coupe-fil

coupe-fil mémoire

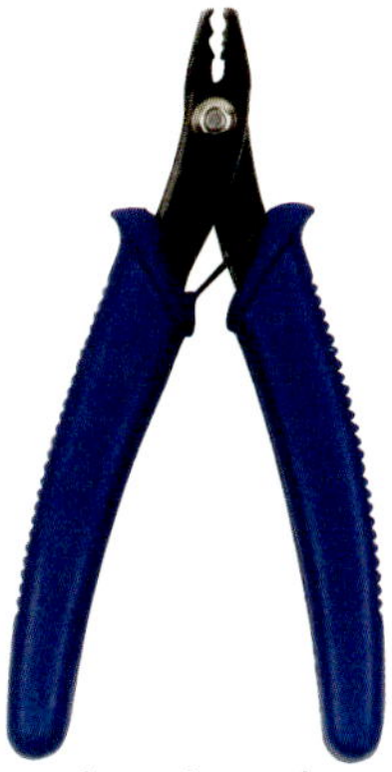

pince à sertir

pince à bec coudé

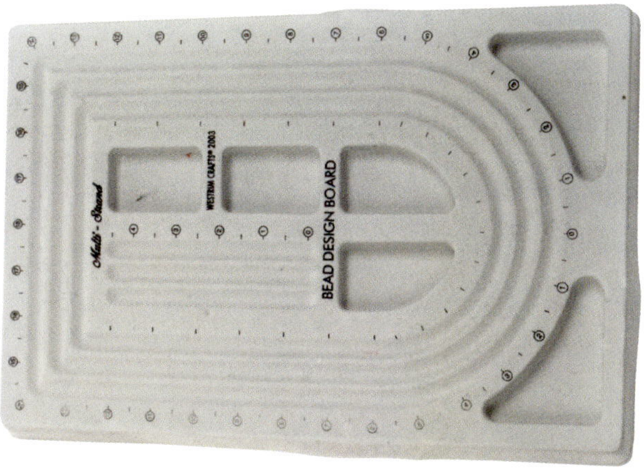

lime à métal

pince à épiler

plaques pour perlage moulées et floquées

colle à base de cyanoacrylate (colle instantanée)

ATTACHES ET FERMOIRS

Les attaches et fermoirs peuvent être décrits comme des éléments, souvent faits de métal, qui permettent de lier ensemble différents composants d'un bijou.

structures de bagues

cache-nœuds

bélières

fermoirs en pince de homard

fermoirs à barrette

fermoirs à anneau à ressort

épingles

tiges à œillet

perles à écraser

tubes à écraser

bélières

anneaux

fermoirs à barrette

FILS

Le matériau sur lequel les perles sont enfilées est déterminé par le poids et l'effet esthétique souhaités. Traditionnellement, plus la perle est lourde, plus le fil devra être résistant.

monofilament

fil doré

fil argenté

fil d'acier inoxydable recouvert de nylon

fil mémoire

fil de nylon

Corde de transite

chaîne en or

Comment utiliser un tube à écraser

Les tubes à écraser sont utilisés avec les pinces à sertir pour fixer les fils aux fermoirs et attaches, comme les bélières.

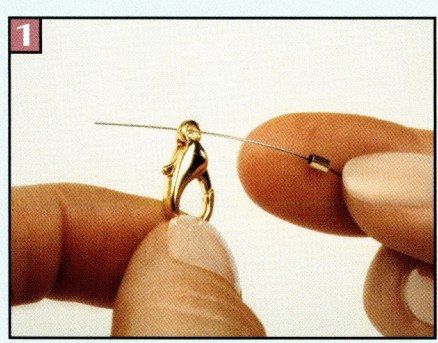

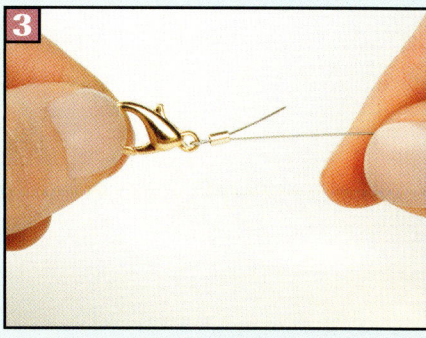

1. Enfilez un tube à écraser et un fermoir en pince de homard sur le fil.

2. Faites passer le fil le plus court dans le tube à écraser.

3. Tenez les fils et faites glisser le tube à écraser à la base du fermoir.

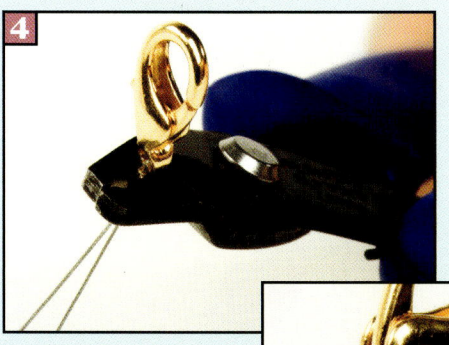

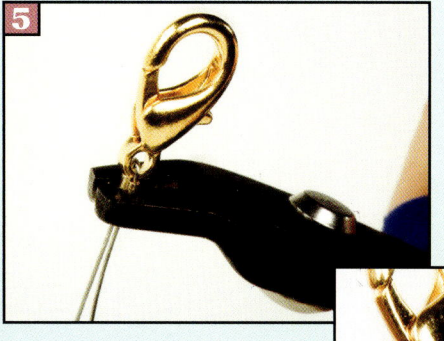

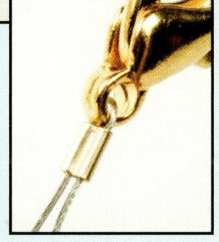

4. Placez le tube à écraser à l'arrière du croissant de la pince à sertir et serrez.

Détail : Il devrait y avoir un fil dans chaque section du tube à écraser.

5. Placez le tube à écraser dans la portion avant de la pince à sertir et serrez pour plier le tube à écraser en deux.

Détail : Le tube, une fois écrasé, devrait avoir cette apparence.

ASTUCE

Une perle à écraser est plus petite qu'un tube à écraser. Pour en installer une, suivez les étapes 1 à 6 ci-dessus. Les tubes à écraser sont de taille 1 à 4, selon leur diamètre. Choisissez un tube à écraser au travers duquel le ou les fils passent bien. Un tube à écraser trop grand pourrait glisser.

TECHNIQUES
Index des techniques et applications présentées dans la collection

Comment utiliser un anneau
Désert turquoise, p. 16

Comment créer un collier à rang continu
Jet setter, p. 20

Comment fixer un pendentif
Désert turquoise, p. 16 ; Limonade, p. 19 ; La fille aux diamants, p. 24 ; L'heure preppie, p. 27 ; Un petit côté piquant, p. 40

Comment créer un ras-du-cou à rangs multiples
Tarte aux framboises, p. 36 ; Feuille de laitue, p. 39

Comment utiliser du fil mémoire
Cristal rose, p. 58 ; Averse bleue, p. 61 ; Verre de mer, p. 82 ; Océan, p. 85

Comment créer un fermoir en ruban
Mademoiselle Priss, p. 28 ; Rouge ardent, p. 31 ; Dalmatien, p. 78 ; Orange crush, p. 81

Comment créer une manchette en ruban
Velours bleu, p. 74 ; Ruban bonbon, p. 77

Comment utiliser une chaîne
Petite monnaie, p. 35 ; Ruisseau argenté, p. 86 ; Souvenir, p. 89

Comment créer un anneau de fil enroulé
Paris Café, p. 90 ; Voile blanc, p. 93

Comment utiliser les breloques
Confetti, p. 70 ; Si charmant, p. 73

Comment créer un anneau de fil enroulé

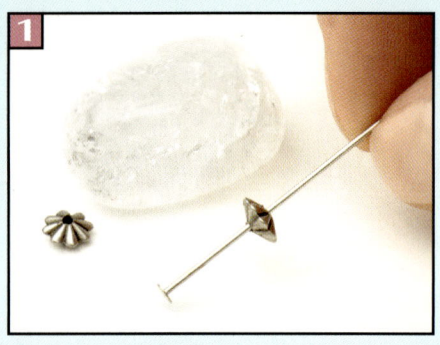

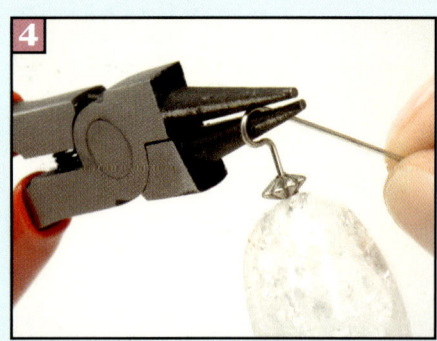

Exemple de perle avec finition d'anneau de fil enroulé

1. Insérez un disque sur l'épingle.

2. Enfilez ensuite une perle de cristal et un deuxième disque.

3. À l'aide de la pince à chaîne, saisissez l'aiguille à ⅛ po au-dessus de la perle supérieure. Tenez la perle avec l'autre main et tournez la pince pour replier la tige de l'épingle à 90°.

4. Saisissez l'épingle à ⅛ po du pli à l'aide d'une pince à bec rond. Tournez les pinces vers le pli et utilisez vos doigts pour replier l'épingle autour de la mâchoire de la pince.

5. Croisez le fil à l'avant de la tige pour créer un anneau.

6. Saisissez l'anneau avec la pince à bec coudé et utilisez la pince à chaîne pour enrouler l'extrémité de l'épingle autour de la tige, en partant de l'anneau et en descendant vers la première perle.

7. À l'aide du coupe-fil, coupez l'excédent de tige. Utilisez une toile d'émeri pour adoucir l'extrémité coupée.

8. Utilisez la pince à chaîne pour coller l'extrémité coupée à la tige.

Comment utiliser un cache-nœud

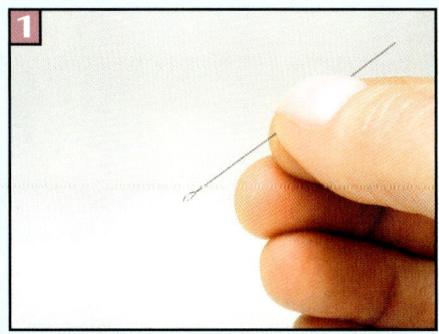

1. Enfilez un fil double sur une aiguille à perler. Faites un nœud d'arrêt double.

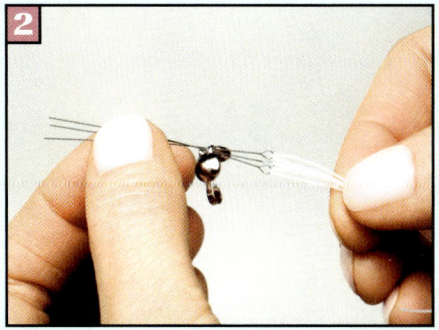

2. Insérez l'aiguille dans le trou du cache-nœud, de l'intérieur.

3. Tirez le fil dans le cache-nœud jusqu'à ce que le nœud soit à environ 1 po de distance du cache-nœud. Utilisez des ciseaux pour couper le surplus de fil au-delà du nœud.

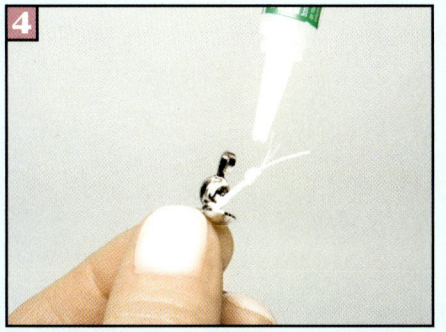

4. Déposez sur le nœud une goutte de colle pour le fixer.

5. Tirez le nœud à l'intérieur du cache-nœud. Refermez le cache-nœud à l'aide de la pince à chaîne. Utilisez l'aiguille à l'extrémité opposée du fil pour enfiler les perles.

Comment fixer un cache-nœud

1. Utilisez une pince pour saisir les moitiés ouvertes du cache-nœud. Comprimez doucement les deux moitiés.

2. Attachez une bélière au crochet du cache-nœud. Saisissez la portion avant du crochet avec une pince à chaîne.

3. Tournez la pince vers vous pour fermer le crochet autour de la bélière.

COMMENT NE PAS FERMER UN CACHE-NŒUD

Lorsque vous fixez un cache-nœud à une bélière ou à un fermoir, suivez les instructions ci-dessus. Ne placez PAS le cache-nœud en entier entre les mâchoires de la pince à chaîne et serrez. La pince écrasera la portion coquille du cache-nœud.

Comment utiliser un cache-nœud pour recouvrir une perle à écraser*

1. Insérez l'extrémité du fil dans le cache-nœud, puis une perle à écraser. Enfilez l'extrémité dans un trou du fermoir à barrette, puis de nouveau au travers de la perle à écraser. Utilisez la portion en forme de croissant de la pince à sertir pour fixer la perle à écraser.

2. Faites glisser le cache-nœud sur le fil jusqu'à ce que la perle à écraser se retrouve à l'intérieur du cache-nœud et que le crochet du cache-nœud soit passé dans le trou du fermoir à barrette.

3. À l'aide de la pince à chaîne, refermez le cache-nœud sur la perle à écraser.

*La technique détaillée ici peut être utilisée pour recouvrir un tube à écraser.

4. Accrochez le crochet sur le cache-nœud, au-dessus du fil. Utilisez la pince pour saisir le crochet et le tourner vers vous pour fixer le cache-nœud et dissimuler le fil.

Comment ouvrir et refermer une bélière

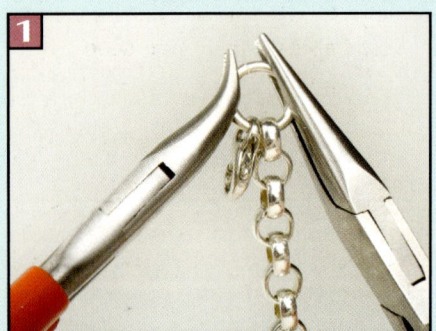

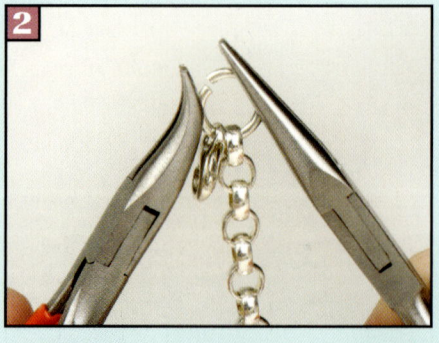

1. À l'aide de la pince à chaîne et de la pince à bec coudé, saisissez les côtés opposés d'une bélière, comme illustré.

2. Effectuez une rotation de vos poignets pour qu'une main s'approche de vous et que l'autre s'éloigne.

Créer un collier noué

Suivez ces étapes simples pour créer un collier noué. N'oubliez pas d'ajouter au moins 2 à 3 pouces à votre mesure de fil pour les nœuds. Dans le cas d'un bracelet, 1 à 2 pouces seulement suffiront.

1. Utilisez une aiguille à enfiler, avec un fil double aux extrémités nouées, pour vous permettre d'enfiler un cache-nœud. Faites glisser celui-ci jusqu'au nœud.

2. Appliquez une goutte de ciment à cristal sur le nœud et laissez sécher. Tirez le nœud à l'intérieur du cache-nœud. Coupez l'excédent de fil et utilisez la pince à chaîne pour refermer le cache-nœud.

3. Enfilez une perle, puis faites-la glisser jusqu'au cache-nœud.

4. Faites un nœud d'arrêt simple sans le serrer.

5. Pendant que vous tenez les fils d'une main, utilisez l'autre main pour placer la pointe de la pince au travers du nœud et contre la perle.

6. Tout en tenant la pince, tirez les fils pour serrer le nœud contre la perle.

7. Déposez une minuscule goutte de colle sur le nœud. Veillez à ne pas mettre de colle sur les perles.

8. Répétez les étapes 5 à 8 pour faire le nœud après la deuxième perle.

9. Lorsque vous avez terminé, faites passer l'aiguille dans l'autre cache-nœud. Nouez un nœud d'arrêt double dans le cache-nœud et répétez l'étape 3. Le rang est terminé et peut être fixé à une barrette, à une bélière, etc.

Comment réaliser un nœud d'arrêt simple et double

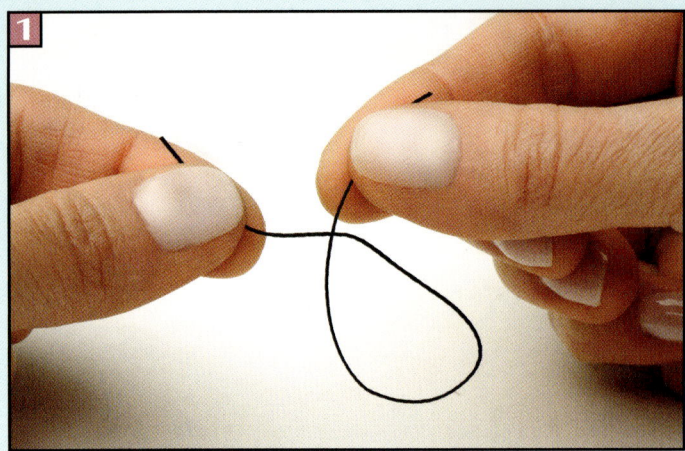

1. Pour réaliser un nœud d'arrêt simple, tenez ensemble les deux extrémités du fil et croisez le fil de droite sur le fil de gauche.

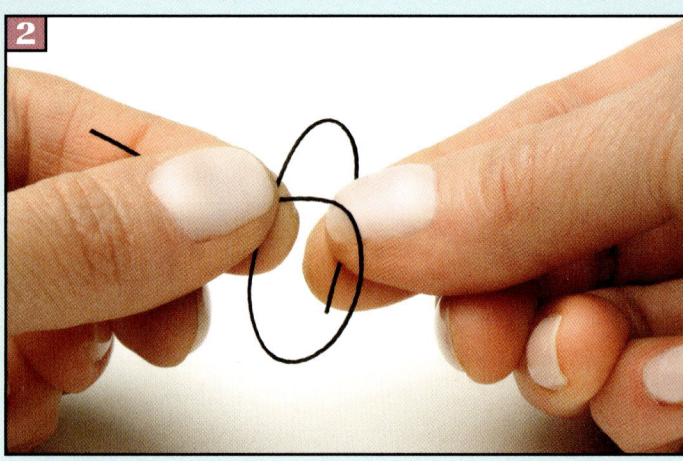

2. Amenez le fil de droite autour de la boucle, à l'arrière et passez-le au centre de la boucle.

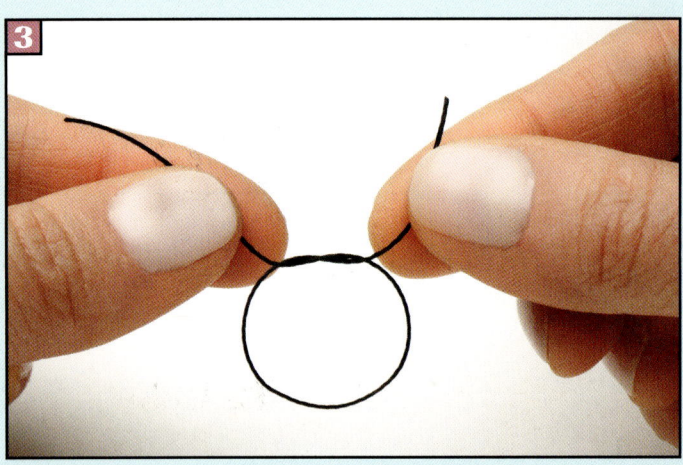

3. Tirez les extrémités du fil pour réaliser un nœud d'arrêt simple.

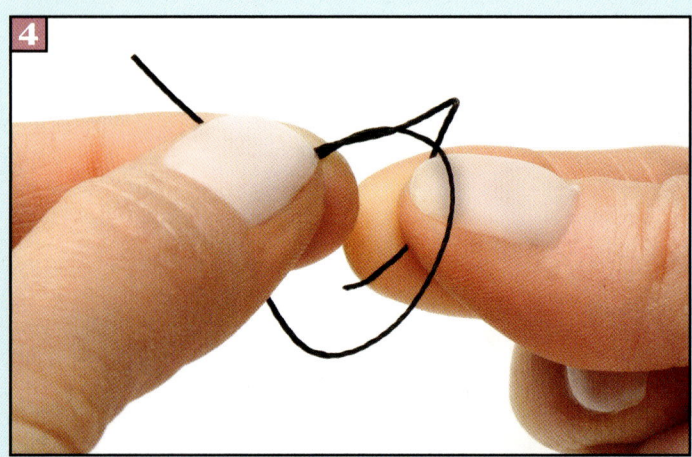

4. Pour créer un nœud d'arrêt double, répétez l'étape 2.

5. Tirez ensuite les extrémités du fil pour fixer le nœud en place.

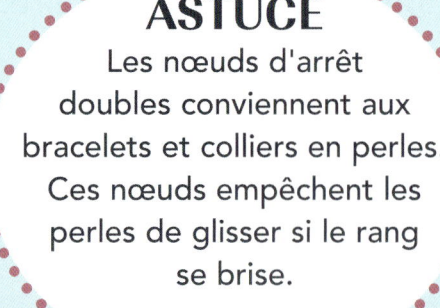

ASTUCE
Les nœuds d'arrêt doubles conviennent aux bracelets et colliers en perles. Ces nœuds empêchent les perles de glisser si le rang se brise.

Remerciements

J'aimerais remercier ma mère, Carol Endler Sterbenz, pour son amour constant et son soutien, et parce qu'elle est une rédactrice extraordinaire.

J'aimerais aussi remercier toute l'équipe de Creative Homeowner pour son travail acharné.

Merci à mes photographes si brillants et talentueux : Steven Mays, Dennis Johnson et Damian Sandone.

Merci aussi à M&J Trimming et à Kate's Paperie pour leurs généreuses contributions. Un merci tout spécial à Michelle Beshaw et Aahzion Fonrose du magasin Kate's Paperie de Third Avenue pour leur indispensable aide d'experts.

Une immense merci à la famille Johnson : Dennis, Laura et la petite Isabel, pour leur gentillesse et leur hospitalité.

Et enfin, merci à Frank Santopadre, qui me montre chaque jour à quel point ma vie peut être extraordinaire.

index

A

Anneau, utiliser un, 19
Anneau d'attache,
  créer en fil enroulé, 91, 93, 120
Argent, collier Petite monnaie, 34
Attaches et fermoirs, 118

B

Bagues
  Bombette, 104-107
  Cosmopolite, 96-99
  Cube de glace, 102
  En fleurs, 112-115
  Étreinte d'étoile, 100-103
  Feu d'artifice, 106
  Manhattan, 98
  Sur glace, 108-111
  Trio, 110

Bague Bombette, 104-107
  astuce, 105, 106
  matériaux et outils, 104
  technique, 104
  variation, 106
Bague Cosmopolite, 96-99
  astuce, 98
  matériaux et outils, 96
  variation, 98
Bague Cube de glace, 102
  matériaux, 102
Bague En fleurs, 112-115
  astuce, 114
  matériaux et outils, 112
  techniques, 112
  variation, 114
Bague Étreinte d'étoile, 100-103
  astuce, 102
  matériaux et outils, 100
  variation, 102
Bague Feu d'artifice, 106
  matériaux, 106
Bague, largeur d'anneau, 110
Bague Manhattan, 98
  matériaux, 98
Bague Rock & Blues, 114
  matériaux, 114
Bague Sur glace, 108-111
  astuces, 109-111
  matériaux et outils, 108
  variation, 110
Bague Trio, 110
  matériaux, 110
Bélières
  ajouter des breloques
    à un bracelet, 72
  fixer des perles montées sur
    épingle, 106
  fermer, 122
  ouvrir, 71, 122
Boucle de ceinture
  pour bracelet Ruban bonbon, 76
  pour bracelet Velours bleu, 74
  pour collier
    La fille aux diamants, 24, 27
  Utiliser son imagination
    pour choisir, 75
Bracelet à maillons, fermoir en
  pince de homard pour ajouter

  des breloques au, 70, 71
Bracelets
  Averse bleue, 60
  Confettis, 70-73
  Coucher de soleil, 68
  Cristal rose, 58-61
  Cubes de sucre, 64
  Dalmatien, 78-81
  Glace concassée, 56
  Grêle blanche, 92
  Margarita, 62-65
  Melondrame, 54-57
  Nœud d'amour, 66-69
  Océan, 84
  Orange Crush, 80
  Paris Café, 90-93
  Ruban bonbon, 76
  Ruisseau argenté, 86-89
  Si charmant, 72
  Souvenir, 88
  Velours bleu, 74-77
  Verre de mer, 82-85
Bracelet Averse bleue, 60
  matériaux, 60
Bracelet Confettis, 70-73
  astuce, 71
  disposition des perles, 73
  matériaux et outils, 70
  variation, 72
Bracelet Coucher de soleil, 68
  matériaux, 68
Bracelet Cristal rose, 58-61
  astuce, 61
  outils et matériaux, 58
  variation, 60
Bracelet Cubes de sucre, 64
  matériaux, 64
Bracelet Dalmatien, 78-81
  astuce, 79
  matériaux et outils, 78
  techniques, 78
  variation, 80
Bracelet Glace concassée, 56
  matériaux, 56
  ordre des perles, 56
Bracelet Grêle blanche, 92
  matériaux, 92
Bracelet Margarita, 62-65
  disposition des perles, 63
  matériaux et outils, 62
  astuce, 63
  variation, 64
Bracelet Melondrame, 54-57
  astuce, 57
  disposition des perles, 55
  matériaux et outils, 54
  ordre des perles, 56
  techniques, 54
  variation, 56
Bracelet Nœud d'amour, 66-69
  astuce, 69
  matériaux et outils, 66
  techniques, 66
  variation, 68
Bracelet Océan, 84
  matériaux, 84
Bracelet Orange Crush, 80
  astuce, 80

  matériaux, 80
Bracelet Paris Café, 90-93
  matériaux et outils, 90
  techniques, 90
  variation, 92
Bracelet Ruisseau argenté, 86-89
  astuce, 87
  matériaux et outils, 86
  techniques, 86
  variation, 88
Bracelet Si charmant, 72
  matériaux et outils, 72
  techniques, 72
Bracelet Souvenir, 88
  astuce, 88
  matériaux, 88
Bracelet Velours bleu, 74-77
  astuce, 75
  matériaux et outils, 74
  variation, 76
Bracelet Verre de mer, 82-85
  astuce, 85
  matériaux et outils, 82
  variation, 84
Breloques, ajouter, à un bracelet, 70
Briolettes
  bracelet Averse bleue, 60
  bague En fleurs, 112
Briolettes de quartz
  pour bracelet Glace concassée, 56
  pour collier Un petit côté piquant, 40
Briolettes d'onyx
  pour collier Jet setter, 48

C

Cache-nœud
  attacher, 121
  éviter de fermer un, 121
  pour recouvrir une perle
    à écraser, 122
  utiliser, 121
Chaîne
  couper, sur une surface plane, 87
  utiliser, 34, 88
Colliers
  ajouter des faux brillants, 27
  Côte d'or, 20-23
  créer des colliers noués, 123
  Désert turquoise, 16-19
  Feuille de laitue, 38
  Jet setter, 48-51
  La fille aux diamants, 24-27
  L'heure preppie, 26
  Limonade, 18
  Mademoiselle Priss, 28-31
  Orchidée noire, 44-47
  Palm Beach, 14
  Petite monnaie, 34
  Pierre plate, 42
  Plage de galets, 32-35
  Provence, 50
  Rouge ardent, 30
  Tarte aux framboises, 36-39
  Tour d'ivoire, 22
  Un petit côté piquant, 40-43
  Wilma, 12-15
Collier Feuille de laitue, 38
  astuce, 38

  matériaux, 38
Collier Jet setter, 48-51
  matériaux et outils, 48
  techniques, 48
  variation, 50
Collier La fille aux diamants, 24-27
  astuce, 27
  matériaux et outils, 24
  techniques, 24
  variation, 26
Collier L'heure preppie, 26
  matériaux, 26
Collier Limonade, 18
  matériaux et outils, 18
  techniques, 18
Collier Mademoiselle Priss, 28-31
  matériaux et outils, 28
  techniques, 28
  variation, 30
Collier noué, créer un, 123
Collier Orchidée noire, 44-47
  matériaux et outils, 44
  techniques, 44
Collier Palm Beach, 14
  matériaux, 14
Collier Petite monnaie, 34
  astuce, 34
  matériaux, 34
Collier Pierre plate, 42
  matériaux, 42
Collier Plage de galets, 32-35
  astuce, 34
  disposition des perles, 35
  matériaux et outils, 32
  techniques, 32
Collier Provence, 50
  astuce, 50
  matériaux, 50
Collier Rouge ardent, 30
  matériaux, 30
Collier Tarte aux framboises, 36-39
  astuce, 39
  matériaux et outils, 36
  techniques, 36
  variation, 38
Collier Wilma, 12-15
  astuce, 13
  matériaux et outils, 12
  techniques, 12
  variation, 14
Collier Tour d'ivoire, 22
  astuce, 22
  matériaux, 22
  variation, 22
Collier Un petit côté piquant, 40-43
  astuce, 43
  matériaux et outils, 40
  techniques, 40
  variation, 42
Cubes de cristal
  pour bracelet Océan, 84
Cubes rectangulaires
  pour bracelet Si charmant, 72

D

Disques enécaille pour bracelet
  Confettis, 70

E

Écailles en forme de fleur
    pour bracelet Confettis, 70
Éclats d'aigue-marine
    pour bracelet Verre de mer, 82
Éclats de péridot
    pour collier Feuille de laitue, 38
Éclats de quartz
    bracelet Glace concassée, 56
    collier Un petit côté piquant, 40
Époxy, 109, 111

F

Faux brillants de cristal
    pour bague Sur glace, 108
    pour bague Trio, 110
Fermoir en pierre du Rhin, subtilisé à un
    collier acheté dans un magasin
    d'aubaines, 38
Fermoir en pince de homard pour
    ajouter des breloques
    au bracelet, 70, 71
Fermoir en ruban,
    créer un, 28, 30, 31, 78, 80, 81
Fil à perler, 23
Fil mémoire
    éviter l'emmêlement avec, 85
    en utilisant du, 59-61, 82, 85
    plusieurs boucles de, 61

Fils, différentes formes, 102

G

Galets de turquoise pour collier
Grosses perles, 63
    Pierre plate, 42

L

Look monochromatique, 66

M

Manchette en ruban, créer, 75, 76
Matériaux
    attaches et fermoirs, 118
    outils, 117
    perles, 116
    rangs, 118
Médaillons de bronze
    pour collier Petite monnaie, 34
Monofilament, coupe, 13
Morceaux de quartz
    pour bracelet Glace concassée, 56
Motif de perles, symétrique, 24
Motif symétrique, 24, 40

N

Nœuds
    d'arrêt doubles, 124
    d'arrêt simples, 124
Nouage pour collier Orchidée noire, 44

O

Outils, 117
Ovales de quartz
    pour bracelet Ruisseau argenté, 86
Ovales transparents
    pour bracelet Cristal rose, 58

P

Palets de jade de forme hexagonale
    pour collier Provence, 50
Perles
    carrées, 26
    combiner différentes
    tailles et couleurs, 69
    corail, 30
    facettées, 62-63
    faits, 78
    formes de, 116
    grosses, 63
    jade, 30, 62, 63, 104
    laiton, 20, 23
    mesures de, 116
    onyx, 48
    onyx noir, 44
    petites perles, 106
    quartz, 32, 36, 56
    rhodonite, 12, 15
    rondes, 20, 22, 24, 40, 42, 60, 88,
    90, 92, 96, 98, 106
    sertir, 24
    tailles progressives, 13
    turquoise, 16
    variété de formes offertes, 116
    verre, 14, 54
    verre soufflé, 90
Perles carrées
    pour collier L'heure preppie, 26
Perles de corail
    pour bracelet Nœud d'amour, 66
    pour collier Rouge ardent, 30
Perles de cornaline
    pour bracelet Coucher de soleil, 68
Perles de cristal à bouts coniques
    pour bague Feu d'artifice, 106
    pour bracelet Océan, 84
Pépites de cristal
    pour bague Cube de glace, 102
Perles de jade
    pour bague Bombette, 104
    pour bracelet Margarita, 62
    pour collier Rouge ardent, 30
Perles de laiton
    pour collier Côte d'or, 20
    pour trous dans, 23
Perles de quartz
    pour bracelet Margarita, 62
    pour collier Plage de galets, 32
    pour collier Provence, 50
    pour collier Tarte aux framboises, 36
Perles de tailles progressives, 13
Perles de rhodonite
    pour collier Palm Beach, 14
    pour collier Wilma, 12
Perles de turquoise
    pour bague Rock & Blues, 114
    pour collier Désert turquoise, 16-19
    pour collier Limonade, 18
    matériaux et outils, 16
    techniques, 16
    variation, 18
Perles de verre
    pour bracelet Melondrame, 54
    pour bracelet Océan, 84
    pour bracelet Orange Crush, 80
    pour bracelet Si charmant, 72
    pour collier Limonade, 18
    pour collier Mademoiselle Priss, 28
    pour collier Palm Beach, 14
Perles d'onyx noir
    pour collier Orchidée noire, 44
Perles d'onyx pour collier Jet setter, 48
Perles en verre soufflé
    pour bracelet Melondrame, 54
    pour bracelet Paris Café, 90
Perles facettées, 63
    pour bracelet Dalmatien, 78
    pour bracelet Margarita, 62
Perles montées sur épingles,
    fixer à une bélière, 106
Perles pour bracelet
    Coucher de soleil, 68
Perles rondes
    pour bague Cosmopolite, 96
    pour bague En fleurs, 112
    pour bague Feu d'artifice, 106
    pour bague Manhattan, 98
    pour bracelet Averse bleue, 60
    pour bracelet Cristal rose, 58
    pour bracelet Cubes de sucre, 64
    pour bracelet Paris Café, 90
    pour bracelet Souvenir, 88
    pour bracelet Grêle blanche, 92
    pour collier Côte d'or, 20
    pour collier Désert turquoise, 16
    pour collier La fille aux diamants, 24
    pour collier L'heure preppie, 26
    pour collier Limonade, 18
    pour collier Pierre plate, 42
    pour collier Tour d'ivoire, 22
    pour collier Un petit côté piquant, 40
Pépites de quartz
    pour bracelet Cubes de sucre, 64
    pour bracelet Margarita, 62
    pour collier L'heure preppie, 26
    pour collier Provence, 50
Pépites de pierre
    pour collier Plage de galets, 32
Pépites de turquoise pour collier
Pierre plate, 42
Pépites pour bracelet Paris Café, 90
Petites perles
    pour bague Feu d'artifice, 106
Petites perles de cristal
    pour bracelet Glace concassée, 56
Pièces d'or
    pour collier Petite monnaie, 34
Pierre du Rhin, ajouter à un collier, 27
Pierres polies pour bracelet Souvenir, 88
Pierre turquoise
    pour bague Étreinte d'étoile, 100

R

Rang continu
    Collier Jet setter, 48
    Collier Provence, 50
Rangs, 118
Ras-du-cou à plusieurs rangs,
    fabriquer un, 38, 39
Rectangles de fluorite
    pour collier L'heure preppie, 26
    pour collier Provence, 50

Rectangles
    pour collier L'heure preppie, 26
Rondelles
    pour bracelet Cristal rose, 58
    pour bracelet Melondrame, 54
    pour bracelet Paris Café, 90
    pour collier L'heure preppie, 26
    pour collier Provence, 50
Rondelles d'améthyste
    pour collier Provence, 50
Rondelles de cristal
    pour bracelet Coucher de soleil, 68
    pour bracelet Cubes de sucre, 64
    pour bracelet Océan, 84
Rondelles de quartz
    pour bracelet Glace concassée, 56
Rondelles facettées
    pour collier Provence, 50
Ruban
    astuce, 76
    matériaux, 76
    pour bracelet Dalmatien, 79
    pour bracelet Ruban bonbon, 76
    pour bracelet Velours bleu, 74, 76
    pour collier Rouge ardent, 30

S

Style nautique,
    matériaux pour créer un, 80

T

Techniques
    ajouter des breloques, 70-72
    attacher un pendentif, 16, 18,19, 24,
    26, 96, 98, 106
    créer des colliers noués, 123
    créer un anneau d'attache en fil
    enroulé, 91, 93, 120
    créer un fermoir en ruban, 28, 30, 31,
    78, 80, 81
    créer une manchette en ruban, 75, 76
    créer un rang continu, 48, 50
    créer un ras-du-cou
    à plusieurs rangs, 38, 39
    faire des nœuds d'arrêt doubles, 124
    faire des nœuds d'arrêt simples, 124
    ouvrir et refermer des bélières, 122
    utiliser des cache-nœuds, 121, 122
    utiliser des tubes à écraser, 119
    utiliser du fil mémoire, 59-61, 83, 85
    utiliser un anneau, 19
    utiliser une chaîne, 34, 88
Transite pour bague Bombette, 104
Tubes à écraser
    tailles de, 119
    utiliser, 119

Z

Zircon pour bague Sur glace, 108

Autres titres de la collection chez Broquet
Inspiration artistique

Le tricot

Créez vos t-shirts

Créez vos jeans

Créez vos bijoux – Tome 2

19,95$. 128 pages. ISBN 978-2-89000-994-3.
19,95$. 128 pages. ISBN 978-2-89000-993-6.
19,95$. 128 pages. ISBN 978-2-89000-992-9.
24,95$. 224 pages. ISBN 978-2-89000-806-9.

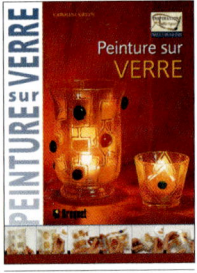  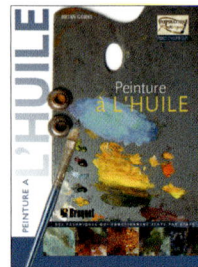 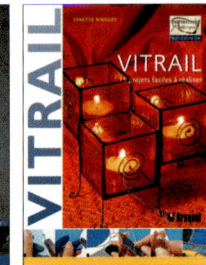

Peinture sur verre

Initiation au vitrail

Peinture à l'huile

Vitrail – 15 projets faciles à réaliser

24,95$. 96 pages. ISBN 978-2-89000-805-2.
24,95$. 144 pages. ISBN 978-2-89000-655-3.
14,95$. 128 pages. ISBN 978-2-89000-710-9.
24,95$. 96 pages. ISBN 978-2-89000-867-0.

 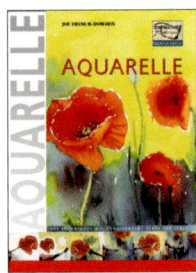 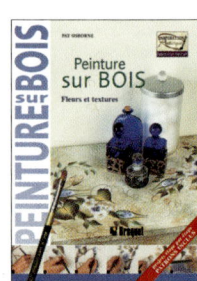 

Ombre et lumière à l'aquarelle

Aquarelle

Peinture sur bois – Fleurs et textures

Peinture sur bois – Simplement nature

14,95$. 128 pages. ISBN 978-2-89000-730-7.
14,95$. 128 pages. ISBN 978-2-89000-711-6.
22,95$. 96 pages. ISBN 978-2-89000-763-5.
22,95$. 96 pages. ISBN 978-2-89000-705-5.

 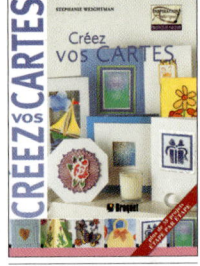 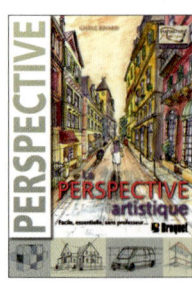 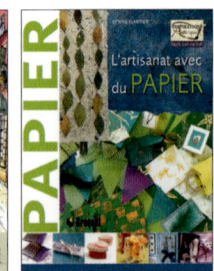

Le crochet

Créez vos cartes

Perspective artistique

L'artisanat avec du papier

19,95$. 128 pages. ISBN 978-2-89000-866-3.
24,95$. 128 pages. ISBN 978-2-89000-778-9.
24,95$. 192 pages. ISBN 978-2-89654-006-8.
24,95$. 160 pages. ISBN 978-2-89000-809-0.